JN061352

サッカー旅を
すたすたぐるぐる
食べ尽くせ！

OWL magazine

CONTENTS

日本全国すたすたぐるぐる宣言　中村慎太郎　4
なぜ埼玉県を旅することになったのか　中村慎太郎　10

1 大宮
オレンジ色に染まる街、大宮を食べ尽くせ!!　中村慎太郎　26
これからも、大宮とともに　大宮けん　60

2 大宮～浦和
キャプテンさかまきの〝自転車でぐるぐる〟
地図にないものを、探しに行こう。
大宮から浦和への道。　キャプテンさかまき　78

3 浦和
静かなる浦和と三菱重工浦和レッズレディース　中村慎太郎　90
REDS GO TO THE WORLD!　ほりけん　114

4 埼玉県
『キューポラのある街』川口市に生まれたクラブ　宇都宮徹壱　134
埼玉と新潟を繋ぐ店　吹上の名店「どんまいじゃん」　浜崎一　151

アルディ・狭山茶・ゾウキリン　矢島かよ　160

かるたをかたる　①彩の国21世紀郷土かるた
埼玉は郷土愛で溢れている　大宮けん　168

埼玉に南部はなく、秩父がある。　屋下えま　174

かるたをかたる　②さいたま郷土かるた
コバトンはどこから来たのか　矢島かよ　179

知られざる川越ダービー
COEDO KAWAGOE F.C対さつまいーも川越　中村慎太郎　183

あとがき　中村慎太郎　206

OWL magazine〝チーム埼玉〟選手名鑑　211

「OWL magazine」ってどんなマガジン？　桝井かほ　218

「OWL's Forest」って何するところ？　大城あしか・豊田剛資　220

ご支援ありがとうございました　222

日本全国すたすたぐるぐる宣言

今日はサッカーの日だ。

家を出て、スタジアムへ行こう。

すたすたぐるぐる、歩いて行こう。

スタジアムにはなんだってある。

試合がある、スタジアムグルメがある、ビールがある、音楽がある、たくさんのサッカー仲間がいる。

サッカーを観に行こう。その前後にすたすたぐるぐる歩いてみよう。

そんなことをしているうちにサッカー仲間が集まってきた。

そして、サッカーの愛し方を語っているうちに『すたすたぐるぐる』という本になった。

この本はサッカー旅の本。旅の本だから、サッカーという競技について詳しく知らなくても大丈夫。

「私はオフサイドすらわからない」と一歩引いてしまう人もいるけど、最初は知らなくても大丈夫。疑惑の判定に出会うたびに少しずつ詳しくなっていくから。審判が笛を吹いたらオフサイド。それだけわかれば大丈夫。難しい専門用語もあるけど、観る人は知らなくても大丈夫。

サッカーは誰のものなんだろうか。そんな疑問に対して出した答え。

サッカーはサポーターのものだし、サポーターもサッカーの主役なのだ。

わたしたちは OWL magazine。

Our World League、略して OWL。

フクロウの名の下に集まったサポーターたちが文章を綴り始めた。いろいろなクラブのサポーターがいるし、サポーターには分類できないサッカーファンもいる。

わたしたちに共通しているのは、スタジアムに行くのが大好きなこと。

サッカーの日はスタジアムで身も心も解放される。

その前後においしいものを食べたり、友だちと話したり、観光したりすることで幸福な気持ちになる。

いろいろなスタジアムに行こうと思うと、いろいろな地域を旅することになる。

自然と旅をすることになるし、全国各地に思い出の場所、お気に入りの場所が増えていく。わたしたちOWL magazineでは、サポーター自身が、サッカー旅というファインダーをとおして見えてくる、日本の姿を写実している。

サッカーがなかったら行かなかった地域はたくさんある。

そして行ってみてわかることは、どの地域も個性的でとっても魅力的なことだ。

Jリーグのクラブ数は2021年現在57で、40都道府県に存在している。残りの県にもJリーグ加盟を目指すクラブがある。だから、サッカー旅を通じて、全都道府県を回ることができるのだ。

わたしたちはサッカーを観るために、日本中を飛び回る。物好きだねと言われることもあるけど、サッカーを観るためだけに行っているわけではないのだ。

サッカーの試合はメインディッシュ。おいしく食べはするけれど、たったの2時間だけのお楽しみ。残りの時間は旅を満喫するのだ。

もしも、居心地のいい部屋から、テレビの画面を眺めているだけだったら——。

長野県松本市で、広大なアルプスを眺めながら山雅ビールを飲むことはできない。

おんせん県おおいたで、かぼすぶりのりゅうきゅうを食べながら、いいちこで喉を潤すこともできない。翌朝、温泉にゆっくり浸かることもできない。

広島県の宮島観光をした後であなご飯をかっこむこともできないし、今治の名物スナックで荒い洗礼を受けた後、大三島の醸造所で極上のクラフトビールを飲むこともできない。

もしも、居心地のいい部屋を離れて、見知らぬ土地にあるスタジアムを訪れたならば——。

仙台で牛タンを食べて、スタグルの牛タンを食べて、試合を観た後にも牛タンを食べて、さらに松島まで足を伸ばして観光船に乗った後に牛タンを食べることができる。

うどん県、うどん尽くしもできる。

鳥取砂丘を登った後、ひんやりとした白バラ珈琲を吸い尽くし、いなばのジビエバーガーを食べることもできる。

大阪を訪れて、吹田と長居のたこ焼きはどちらがおいしいのかという論戦に参加することもできる。

長野市の善光寺にお参りした後、八幡屋礒五郎で自分好みの唐辛子を調合してもらうこともできる。これがあると3カ月くらい、ずっと自宅飯が楽しくなる。

サポーターは狂信者ではない。確かに、サッカーがまだ馴染んでいない時代は荒っぽいことも多かった。でも、いつの間にかほとんど見なくなった。

「アウェイ」という言葉は、「敵地」と訳されることが多い。

でも、これは誤訳だと思う。英英辞典を引いてみても、「away」の項目には「enemy」という文字は出てこない。対戦相手のフィールドで試合をすると書いてあるだけだ。

本当は敵なんかいなかった。対立しあう必要なんかないんだ。ヨーロッパではサポーター同士の煽り合いが盛んに行われているけど、それはそういう文化があるから成立するのだ。

われわれはみんなサッカー仲間。対戦相手がいなければ試合ができないし、旅に出ることもできない。敬意を払うことはあっても、敵とみなして攻撃するのは筋違いだ。

世界最大のスポーツの祭典であるワールドカップに参加した時、各国のサポーターは驚くほど友好的で、試合の勝敗にかかわらず記念写真を撮ったり、ハグをしあったり、ユニフォームを交換したりしていた。試合前に交換してしまったせいで、コロンビアのユニフォームを着て日本を応援する羽目になった人もいるそうだ。

サッカーは代理戦争だと言う人がいる。もちろん、そういう見立てができる試合もあるだろう。しかし、それがサッカーのすべてではない。

戦争がしたいわけではない。もちろん、試合には勝ちたいし、負けたら悔しい。しかし、相手を憎む必要はない。「敵地」という訳出が、サポーターのイメージを誤った方向へと誘導してしまったのかもしれない。

『〝サッカー旅〟を食べ尽くせ！　すたすたぐるぐる』シリーズは、サポーターを主役にした文章を発信していくことによって、サッカー観戦の概念を煩悩にまみれた探求の旅へとすり替えていくことを目指している。

今日はサッカーの日だ。

家を出て、スタジアムへ行こう。

すたすたぐるぐる、歩いて行こう。

ややあやあ、親愛なるわが友よ。

どこかのスタジアムで会ったら乾杯しよう。

boa viagem.

良い旅を。

２０２１年10月１日
OWL magazine 一同に代わって
代表　中村慎太郎

なぜ埼玉県を旅することになったのか

中村慎太郎

各駅停車　南浦和　16：58
各駅停車　大宮　17：02

東京駅3番線。京浜東北線が発着する3番線ホーム。無機質な電光掲示に心がときめいた。浦和のすぐ先に大宮がある。それだけのことで心が沸き立ってくる。

どうやらJリーグと付き合うようになってから、以前よりも日本が好きになったらしい。ちょっと前まで、Jリーグをはじめとする日本国内のサッカーに興味をもっていなかった。海外サッカーのメガクラブと日本代表の試合だけを見ていたのだ。

しかし、いったん足を踏み入れてみると本当に面白くて、すっかりはまりこんでしまった。テレビに映るレアル・マドリードやマンチェスター・ユナイテッドよりも、スタジアムで躍動する浦和レッズやFC東京などのJリーグのチームのほうが、はるかに迫力があった。

何よりスタジアムを埋め尽くすサポーターの声、声、声、声、声。スタジアムの空間を満たすサポーターの声に魅了された。もちろん、海外のサッカーも現地まで行って観ると違う感想になることだろう。サッカーというのは、スタジアムまで行って観るものなのだ。

というわけで、日本全国のスタジアムを求めて、すたすたぐるぐる歩いてきた。だけど、ぼくは熱狂的なサッカーマニアとはほど遠い。選手の名前は全然覚えられないし、詳細なデータももちろん知らない。ユニフォームもグッズもあまり持っていないし試合の内容もすぐに忘れてしまう。

恥を忍んで告白するが、オフサイドの仕組みも厳密にはわかっていない。もちろんある程度はわかっているつもりであったし、サッカーの試合で副審に挑戦してみたこともある。でも、やってみるとルールを全然理解できていないことがよくわかった。もちろん、試合を観ていて困らない程度には何となくわかるが、その程度の理解なのである。

でも、サッカー観戦を楽しむうえで困ったことは一度もない。疑惑の判定は詳しい人が解説してくれるから、それを読むだけでいいのだ。そもそも、ぼくが興味をもっているのは、競技の仕組みではない。

各駅停車　南浦和　16：58
各駅停車　大宮　17：02

浦和と大宮が並んでいる電光掲示板なのである。

「Jリーグを愛してみると、ただ日本に住んでいることが楽しく感じられる」

自分のTwitterに、電光掲示の写真とともに2013年12月23日にこんな書き込みをしていたのが残っていた。

日本で暮らす。ただそれだけのことが、楽しくて仕方がなくなる。それが国内サッカーの存在意義だと思っている。ルールがわからなくても楽しければいい。ルールがわかっていても楽しくないいならば意味がない。

ぼくにとってJリーグとは、国内旅行への食欲を増進させるガーリックパウダーのようなものなのである。いや、ガーリックではないかもしれない。山椒、三つ葉、生姜、万能ネギ、大葉、バジル、ローズマリー、黒胡椒、あさつき、かぼす、紅葉おろしなど。Jリーグとは、薬味とかハーブとかスパイスとかそういうものなのだ。

サッカーは、旅してみようと思える土地を増やしてくれる非常に素晴らしいスポーツなのである。Jリーグのおかげで日本国内を旅するのがずっと面白くなった。

全国各地のいろいろな人との縁ができて、語り合い、交遊し、ずっと仲間でいられるようになった。日本代表が強いとか弱いとか、スター選手がいるとかいないとか、Jリーグが世界に注目されているとかいないとか、そんなことはどうでもいいのだ。

国内サッカーの真の価値はサッカー旅によって浮かび上がってくる。われわれの使命は、サッカーという競技を研究することではなく、サッカーによって縁ができた土地に行くこと。興味の赴くまま、すたすた歩き、ぐるぐる回ることである。それによって何が見えてくるのかはわからない。だけど、どこへいっても十分に楽しめることはわかっている。サッカーの試合を挟むと、定番の観光地を巡るのとはまた違った味わいの旅になるのだ。

というわけで、最初の旅先は埼玉県である。

埼玉県は、東京の北にあるベッドタウンである。「埼玉都民」と揶揄される住民が、寝るために帰る街というイメージが定着している。その結果、「ダ埼玉（ださいたま）」と揶揄されるくらい華のない地域である。

なんでよりによって埼玉県を選んだのかという疑問が湧いてくる方もいるかもしれないが、サッカーどころとしての埼玉県は確かな背景をもっている。

埼玉県は、日本におけるサッカーの黎明期を支え、静岡、広島と並んで御三家と言われていた。明治41年に埼玉師範学校の教諭が蹴球部を作り、そこから多くの指導者が県内に赴任していったことによって、県内でサッカーが盛んに行われるようになっていった。明治41年というと1908年で、113年前、日露戦争のすぐあとである。

埼玉県にはJリーグクラブが2つもある。世界的にも知られているビッグクラブ、浦和レッズについてはもはや説明不要であるし、同じくJリーグクラブの大宮アルディージャもある。Jリーグクラブが2つ以上存在している都道府県を数えてみると、1都、1府、8県のみである。浦和東高校をはじめとした学生サッカーもとても強い。

ただ、サッカーの背景があるからといって、埼玉県を旅の目的地に選ぶことは一般的ではない。「埼玉旅」という字面には違和感しかない。とはいっても、秩父や長瀞などは自然豊かな観光地となっているし、川越や大宮などにも観光スポットはある。しかし、都心からのアクセスが良すぎるせいで宿泊客が多くないのだそうだ。日帰りの観光客は、どうしても落とすお金が大きくないので、観光業としてはいまいちらしい。

さておき、やはり埼玉県の印象は、観光地ではなくベッドタウンである。いくらサッカーどころであることを説明したところで、旅に出る理由にはならない。東京から日帰りで十分に行けるからだ。

◉大宮と浦和、もしくは、浦和と大宮

『〝サッカー旅〟を食べ尽くせ！ すたすたぐるぐる ○○編』。47都道府県をめぐる壮大な旅行記で最初に訪れるのは埼玉県である。こうなると、会う人会う人に必ず聞かれることになる。どうして、よりにもよって埼玉県になったのかと。それもこれも、この本の執筆者の一人である大宮けんの影響なのである。

大宮けんと初めて会ったのはわれわれがたまり場にしている池袋のスポーツ居酒屋バッカスであった。この居酒屋は映画『翔んで埼玉』のエピローグシーンにも登場する。バッカスの入り口が、池袋にある埼玉県民の地下集会場への入り口になっているのだ。

映画では、居酒屋バッカスの入り口が映し出され、地下へと降りていく階段を進むと、巨大な地下空間になっている。そこには埼玉ポーズをしながら踊り狂う大勢の埼玉県民が詰めかけている。

もちろん実際にはそんな地下空間はなく昭和レトロな居心地の良いお店となっている。そして、詰めかけるのは埼玉県民ではなくアーセナルのサポーターで、日本における聖地の1つになっているらしい。お勧めは冷やしレバーとたぬき豆腐と、よく手入れされたビールサーバーから注がれる、状態の良い生ビール。疲れ気味のときはクエン酸サワーがお勧めだ。

さて、そのバッカスで、大宮けんが話したのは……。彼が語るすべては大宮であった。大宮の魅力、大宮のサッカー、大宮の他のスポーツ、大宮の名店、大宮の飲み屋、大宮のカルチャー、大宮の名所、大宮の住みやすさ、大宮の交通の利便性――。

2時間以上大宮の話を聞いた後、新宿ゴールデン街の行きつけの店に移動。そこでも大宮の話が始まった。大宮、大宮、大宮、大宮、大宮からの大宮からの大宮からの大宮。世界のすべては大宮のオレンジに染まっていった。

大宮以外の話題で唯一出てきたのが、ライバル関係にある浦和である。大宮と浦和は同じさいたま市になったのだからすっかり仲良しなのかと思っていたのだが、まったく馬が合わない地域なのだという。

埼玉県内ではこの2地域のライバル関係は有名なのだそうだ。そういえば、映画『翔んで埼玉』でも浦和と大宮が喧嘩して、仲裁しようとした与野が怒られるというシーンが出てきたのを思い出す。

「与野は黙ってろ!!」

街同士が仲が悪いのは、サッカーにおいては悪いことではない。なぜならダービーが開催できるからだ。ダービーとは何かを説明する前に、サッカーあるいはフットボールとは何かというところまで掘り下げると理解しやすい。

元々はイングランド周辺で行われていた地域祭りのようなもので、隣町同士が、街の門をゴールに見立てて対抗戦をしていたとされている。最初は手を使っても足を使ってもいいという何でもありな粗雑な競技であったようなのだが、19世紀後半ごろには、手を使うラグビーフットボールと、手を使わないアソシエーションフットボールに分離され、ルールも洗練されてきた。サッカー（soccer）の語源は、associate football の soc から派生したものとされ、ラグビーと区別するときに使われるようだ。

さておき、街単位にクラブがあり、街対抗で戦うことがサッカーの本質なのである。そして、隣町というものはいろいろと因縁があり、仲良しとはいかないことも多い。従って、因縁ある街同士が、サッカーを通じてぶつかりあうということが生じる。これがダービーである。

対立構造が強固なほどダービーとしても盛り上がる。要するに「あいつらには負けたくない」という気持ちでサッカーを観るため、応援にも熱が入るし、試合結果にも尋常ならざる関心がもたれる。そういう場合はアウェイを「敵地」と呼んでもいいと思う。ダービーの魔力は、普段はサッカーに関心を持っていない人すらも巻き込んでいくことになる。

つまり、普段はサッカーファンではない街の住人が、ダービーには関心を示し、それをきっかけにサッカーにはまっていくことがあるのだ。

ところで、強固な地域対立が存在しないのにダービーを冠した試合もあって、ぼくは「人造ダービー」と呼ぶことにしている。試合を盛り上げてお客さんを呼ぶために「ダービー」とか「クラシコ」というタイトルをつけて行われるスペシャルマッチのことだ。これがあまり好きではない。

少しでも盛り上げようというクラブ側の意図はわかる。努力は心から尊重したいし、なるだけ応援したい。一方で、ダービーの魔力をもっていないのに、ダービーという冠をつけるのはある種のインチキである。ダービーは主催者側が設定するものではなく、サポーターのなかに自然と巻き起こっていくものなのだ。

サッカー界隈における「大型巻き込み装置」はワールドカップとダービーの2つしかないのではないかと思っている。要するに普段はサッカーを観ていない人が、はまりはじめるきっかけになる試合である。しかし、ワールドカップは4年に一度しかない。代表チームも暫定的なものなので、大会が終われば解散になってしまう。継続的に追うことができないのだ。だから、ワールドカップだけでは駄目だ。「巻き込み装置」としては、頻繁に開催することができるダービーが非常に重要なのだ。

◉さいたまダービーは天然物!!

そこで、浦和レッズと大宮アルディージャの埼玉ダービーを見てみると、どうやら確かな地域対立の文脈があるようだ。日本において本格的にダービーが楽しめるのは長野県くらいだと思っていた。長野パルセイロと松本山雅の2つのクラブは、長野県と筑摩県という別の文脈をもつ地域が合併したことを背景に、信州ダービーといわれる熱戦が繰り広げられた。その模様は、映画『クラシコ』の題材にもなっている。ちなみに『クラシコ』は、本書の執筆者の一人である宇都宮徹壱さんも出演している。

長野と松本ほどの歴史的背景をもつダービーはなさそうだ。そもそも信州ダービーは2011年から10年間開催されていない。次が行われるまで気長に待とうと思っている。さておき、信州ダービー以外にも意義深いダービーは、全国を探せばもっとあるだろうと思っている。そこで飛び込んできたのがさいたまダービーであった。

申し訳ないことに、さいたまダービーは「人造」だと思っていたのだ。しかし、因縁があると聞いて俄然楽しみになってきた。サッカー文化をさらに〝深化〟させていくためには、ダービーはとても大切なのである。

さて、浦和レッズと大宮アルディージャの対戦成績をみてみよう。大宮からみると、リーグ戦においては、9勝12敗7分と負け越している（2021年9月時点）。もっとも、おもに埼玉スタジアム2002で行われるアウェイ戦については、6勝4敗4分と勝ち越している。逆に浦和も、アウェイ戦では8勝3敗3分と勝ち越している。

要するに埼玉ダービーでは、ホームでは負け、アウェイでは勝つ傾向が見られるのだ。ホームで負けた時の落胆は非常に大きいことだろう。その落胆が重ければ重いほど、次のダービーの熱量は高まっていくのである。

いまはカテゴリーが違うためリーグ戦での直接対決はない。クラブの規模は浦和レッズのほうが大きくサポーターの数も多い。しかし、大宮は戦わずして浦和に屈することはない。いずれまた地域のプライドをかけて、ぶつかり合う日が来るだろう。

世界的にも有名な浦和レッズのサポーターは、その圧倒的な個性と孤立主義をとることから、正直いってサポーター界隈で愛されているとは言いがたい。結果、唯一最大の悪役（ヒール）として君臨している。

とはいっても、浦和レッズが嫌いだという言う人の多くは「何となく赤くていっぱいいるから」「何となく乱暴なやつがいるから」「声が大きいから」「全然絡んでこないから」というような漠然としたイメージに基づいて話しているように思う。

しかしながら、大宮に生まれ育った大宮けんの浦和批判は、その土地に住んでいないと絶対に感じられない感覚を基礎としていた。浦和在住の人からすると不愉快極まりないかもしれないが、ぼくの心はときめいたのである。

そういうのを聞きたかったんだよ!!

そもそも明治2年に大宮県が設置されたことに端を発する。県庁を現大宮区に置く予定であったのだが、なんと県庁は現・浦和区に設置されることになり、自治体名も浦和県になった。以降、県庁を擁する浦和を優遇する傾向があるとかないとか……。ちなみに明治4年に岩槻県、忍県と合併して埼玉県となった。

大宮けん氏のネバーエンディング大宮話を聞いているうちに、大宮に行ってみたくなった。まだ見ぬ大宮が、魅惑のパラダイスに思えてきた。

大宮を見てみたい。大宮を全力で楽しんでみたい。ぼくは洗脳されてしまった。そして、大宮の魅力を踏まえたうえで浦和も見てみたくなった。浦和レッズのことをあれこれ書いたことはあるけど、浦和の街を歩いたことはなかった。浦和の街について言及する人にもあまり出会ったことがない。

浦和を旅してみよう!!

生まれて初めて、心の底から埼玉県に興味をもった瞬間であった。埼玉に対する好奇心がいつしか結晶化し、以前から考えていた「サッカー旅本」の企画の第一弾として埼玉県を扱おうという結論に至った。ミーティングに参加してくれた孤高のマーケター、富澤友則氏からも「最初は意外なところに行くべきだし、そういう意味だと埼玉県がベストだ」と背中を押された。

2021年現在、世の中はコロナ禍に悩まされていたため、あまり遠出はできないという事情もあった。埼玉県へのサッカー旅。うまく書けるかどうか不安になる。でも、「結果」がどうなろうと、とにかく行ってみるべきだし、「ともかく書くべきだ」。

この言葉は、拙著『サポーターをめぐる冒険　Jリーグを初観戦した結果、思わぬ事になった』を出版してくれた赤羽の小さな出版社「ころから」の木瀬貴吉さんからいただいたものだ。

サポーター視点の文章を書いていくというぼくの一生のテーマは、木瀬さんが未熟なぼくの話を聞いて整理してくれたことから生まれた。続編がまったく書けずに非常に迷惑をかけてしまうことになったのだが、少しでも恩を返せるよう『サポーターをめぐる冒険』のPRは一生やっていきたいと思う。ちなみに木瀬さんはFC東京サポーターで、ブックデザインをしてくれた安藤順さんとイラストのなみへいさんは浦和レッズのサポーターである。

当時はサポーターという存在は日陰暮らしをしていて、つねに批判されているような雰囲気があったのだ。いまは、サポーターが自由闊達にサッカーを楽しむムードができているように思うのだが、拙著はその雰囲気を作る1つの切っ掛けになったのではないかと思っている。

このように自画自賛をするまえに、感謝しなければいけないのは先輩たちである。ぼくがサポーターについて書こうと思ったのは、SNSなどで熱心にJリーグの魅力を教えてくれた全国各地のサポーターの皆さまであった。あのときに教えてもらったことがぼくの人生そのものになった。

書いたものがまったく売れなくても、年収が100万円を割り込んでも、ぼくはサポーター目線の記事を書き続けることをやめなかった。何度も心が折れそうになったけどやめなかった。続けられた理由はやはりあの時いろいろな方から「もっとJリーグのことを書いてほしい」と言われたからだろう。

Jリーグの魅力をもっと深掘りして、世界に向けて発信する。ぼくはそう決めたのだ。でも、この8年間はうまくいかないことばかりであった。本を出したくらいでは、到底食っていけなかった。仕事も思うように増えず、家族にはずっと苦労を掛けた。それに、どれだけ頑張ったところで、ウェブ記事を中心に個人で活動するだけでは、世界に与える影響力はたかがしれている。

だから、仲間の力を借りることにした。２０１９年２月、旅とサッカーを紡ぐウェブ雑誌OWL magazineを創った。そして、２０２１年９月、株式会社西葛西出版を創立し、自分の会社からサッカー旅の本を出版することになった。マスコミがサポーターの魅力を取り上げてくれないのを嘆いていても仕方がない。自分でマスコミを創って、自分で発信しようではないか。

記念すべき最初の１冊のタイトル。

『〝サッカー旅〟を食べ尽くせ！ すたすたぐるぐる 埼玉編』

埼玉県を面白く書けるかどうか。埼玉県の皆様に喜んでもらえるかどうか。それは正直わからない。だけど、われわれは全力で埼玉県と向き合っていくつもりだ。

ぼくはまず、大宮と浦和を旅することにした。

大宮けんいわく「浦和には何もない」そうだ。浦和旅といってもどうやって旅をするのか迷うところではある。ただ、悩んでも仕方がない。行ってみよう。歩いてみよう。食べてみよう。

サッカー旅に魅せられたわれわれの野望は、埼玉県から始まる。

＼さいたま／

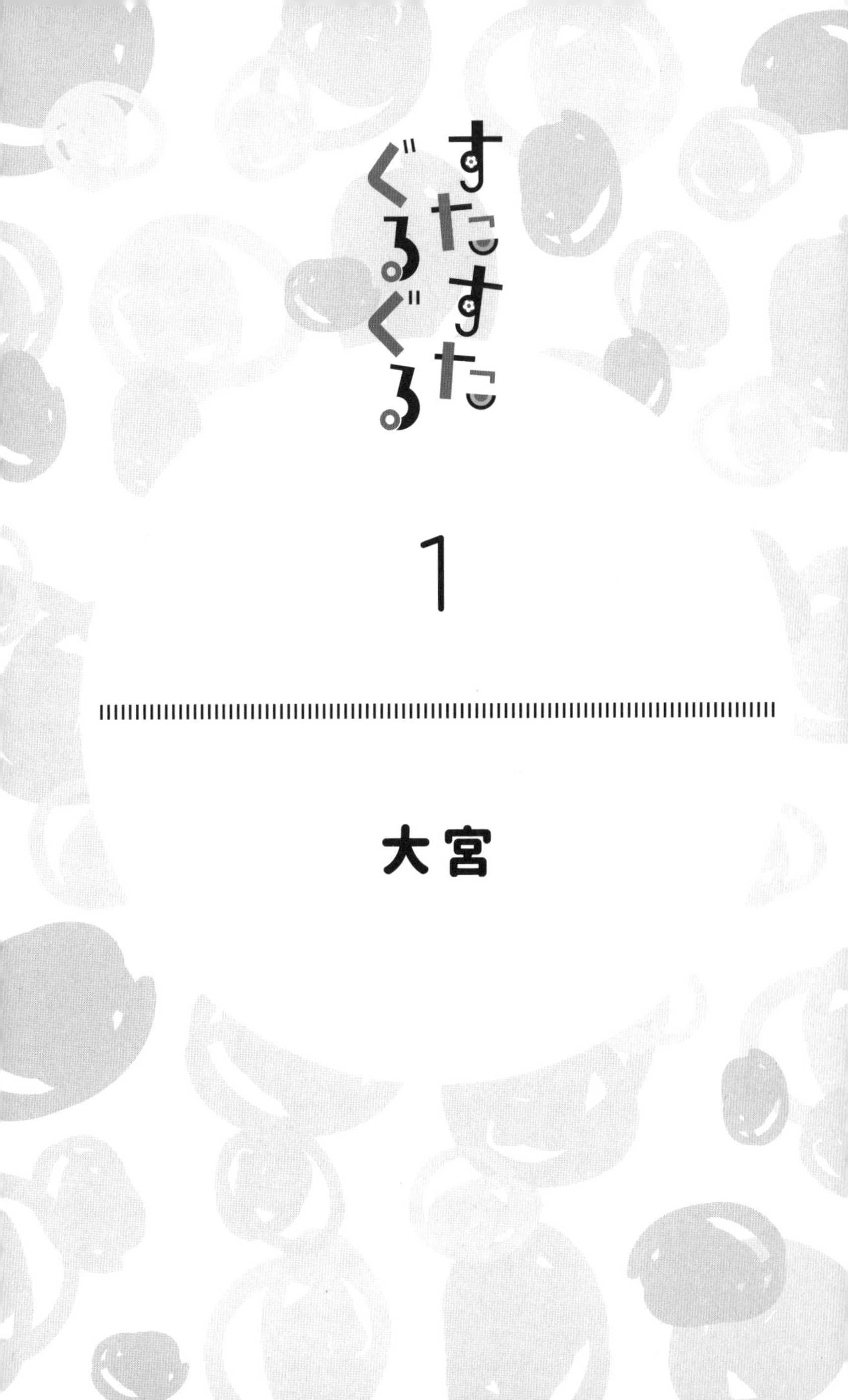

すたすたぐるぐる

1

大宮

オレンジ色に染まる街、大宮を食べ尽くせ!!

中村慎太郎

◉川口および浦和を経由して北へ

東京駅から京浜東北線に乗り込む。青いラインの入った京浜東北線は、なじみのある街を通りながら北上していく。

東京、神田、秋葉原――。

京浜東北線は、埼玉県、東京都、神奈川県を南北に突き抜けていく路線であった。上野東京ラインで行けばもっと速いと後で教えてもらったのだが、２０１５年に新しくできた路線でかなり速く着くらしい。

京浜東北線といえば快速もあって、併走する山手線を軽々と追い抜いていくイメージがあったのだが、最近は様相が異なるようだ。

逆方向の南に進めば神奈川県へ。川崎フロンターレの本拠地である川崎駅はすぐ先である。

もっともホームスタジアムの等々力陸上競技場は、川崎駅からだと少し遠い。

そして横浜駅。こちらには横浜F・マリノス、横浜FC、Y.S.C.C.横浜とJリーグクラブが3つもある。新横浜駅にある日産スタジアムでは横浜F・マリノスのホームゲームのほとんどが行われる。日韓ワールドカップの決勝戦が開催された場所である。

そのまま南下して終点の大船まで行き、東海道線で平塚まで進むと湘南ベルマーレの領域である（そもそも東京駅から東海道線に乗れば一本であるが）。

東京駅の外れにある京葉線に乗ると、東京ディズニーランドを経由して、ジェフユナイテッド市原・千葉のホームゲームが開催されるフクダ電子アリーナがある蘇我駅に着く。

御徒町、上野、鶯谷——。

上野から常磐線に乗ると柏レイソルの本拠地、柏駅に着く。そのままずっと乗っていると水戸ホーリーホックの本拠地水戸。さらに乗っていると、JFLからJリーグへといまにも昇格しそうな、いわきFCの本拠地いわき。さらに乗っているとJヴィレッジまで辿り着く。

日暮里、西日暮里、田端。

このエリアは、サッカーについてはとくに書くことがない。

上中里、王子、赤羽。

赤羽は東京の北の果てにあり、東京都内ローカルクラブの走りであるスペリオ城北の本拠地となっている。そして、荒川を渡ると埼玉県へと突入する。

川口、西川口、蕨。

川口は駅前にそごうがある。いや、調べてみると半年前に閉店していた。実はそれしか知らない。西川口は中国系の住人が多く、色街があることで有名だが降りたことはない。蕨はとてもかわいい名前の駅で、クルド系移民がとても多く、ワラビスタンと呼ばれているらしい。一度だけ降りて餃子を食べたことがある。

そして、南浦和、浦和、北浦和を通過する。

浦和と名前のつく駅はたくさんあって、他に東浦和、西浦和、中浦和、武蔵浦和、浦和美園の計8駅がある。そのうち浦和美園だけはサッカーファンにはなじみのある駅で、日本代表戦などのビッグマッチが行われる埼玉スタジアム2002があるため、たびたび訪れる。

浦和と大宮に怒鳴られていた与野を通り抜け、さいたま新都心へ。

そして――。

北関東の要衝、大宮へと辿り着く。

◉大宮駅東口、鰻おにぎりの誘惑

大宮駅で降りて改札を出る。巨大なターミナル駅だけあってとてもきれいである。20年以上も工事を続けている新宿駅とはえらい違いだ。「大宮アルディージャのある街　ようこそ！大宮へ」という看板が改札の上で歓迎してくれた。

大宮駅は東口と西口があり、目的地のNACK5スタジアムがあるのは東口である。キックオフの3時間半前に到着したので時間にはかなり余裕があった。本来であれば東口の駅前にある居酒屋で一杯飲んでから行きたかったのだが……。本当ならば昼から、いや、朝から飲める街らしい。無念であるが、こういうご時世なので仕方がない。そう、このときは世界中が終わりのみえないコロナ禍に苦しんでいたのである。

大宮駅のタクシープールには30台以上が並んでいた。ため息が出る。ぼくは物書きをしながらタクシードライバーをしている。そのため、街を歩いているとタクシーの営業状況がとても気になる。

職業柄考えてしまう。ターミナルとなっている大宮駅といえど、この人の流れでは1時間以上お客さんを待つこともあるだろう。駅からのお客様は、2～3㎞の距離を移動し、会計は1000円くらいになることが多い。それ以上の距離だと電車やバスで移動してしまうことが多いのだ。ということは1時間の売上が1000円で、そのうちドライバーに入るのは半分の約500円である（歩率は会社や契約によって異なる）。街が動いていないとタクシードライバーの稼ぎも減る。

それにしても大宮駅のタクシーは真っ黒である。東京の場合は、黄色や赤などカラフルなタクシーも走っているのだが、どうやら大宮駅に現れるタクシーは黒ばかりのようだ。実際大宮育ちの人に聞いてみると「タクシーといえば黒」とのことであった。東京では、黒は高級なイメージとなっていて、高級ホテルやデパートなどには黒いタクシーしか入れないことがある。

少しマニアックな視点だが、駅前のタクシーの流れを見たり、タクシー会社や行灯を見たり、乗ったときにはどういうお客さんが多いのかと聞いてみたりすると、その土地のことが見えてくることもあるのでお勧めである。タクシードライバーは、街の呼吸に合わせて営業の仕方を考える。逆にいうと、タクシードライバーに話を聞くと街の生き様がみえてくるのだ。

さておき、東京都では飲食店を20時までに閉店することと、アルコール提供をとりやめるように通達が出されていた。そして、東京周辺の県でも蔓延防止なんとか通称マンボウというものが出されていて、アルコール提供を自粛する方針となっていた（正確には「まん延防止等重点措置等に基づく協力要請」）。そのため、サッカー旅だというのに、ノンアルコールの旅になってしまった。とはいえ、どんな悪いことにも必ず良いことが含まれている。ぼくは結構な酒飲みなので、サッカー旅に行くと飲み過ぎてわけがわからなくなり、翌朝ビジネスホテルで地獄の朝を迎えることになる。しかし、今回は、もっとライトにサッカー旅を楽しむことができる。ポジティブに考えることにしよう。

飲めぬなら
食べてしまおう
NACK5

旅の方針は決まった。そんなことを考えながら東口を出ると、すぐに目にとまったのが高島屋であった。

大宮に高島屋がある!!

高島屋といえば、日本橋、新宿などにあるハイクラスの百貨店である。百貨店帰りの買い物客は、タクシードライバーの上顧客で、少し遠くにある高級住宅地までご利用いただくこともある。高島屋があることで大宮に対する尊敬の念が湧き上がってきた。ぼくの地元の江戸川区には百貨店が存在しないのである。

適当に散策し、帰り際に地階の食品売り場に立ち寄ることにした。歩き回っていると「鰻おにぎり」を発見した。お値段は少し高めで2つで540円。タレの染みこんだおにぎりの上に、端切れの鰻が乗っている。

おいしそうだ……。すごく……。おいしそうだ……。

しかし、これからスタジアムグルメを食べるという使命があるのだが……。

いや、食べよう!!

鰻のタレがしみこんだおにぎりを一度見てしまったらその場から去ることは不可能だ。颯爽と購入し、高島屋の裏に入り込んで立ち食いをすることにした。少しお下品だが裏路地なら良いものとしよう。

鰻の端切れをどういうタイミングで食べるかが勝負である。というのも、上に乗っている鰻を食べてしまえば残りはただの「たれおにぎり」だからだ。このような思案をめぐらせたのもつかの間のこと、鰻を前にして理性を保つことなどできなかった。がぶりと大口で齧りつく。

「うまいー!! ちゃんとした鰻だ!!」

高島屋の裏で一人叫びそうになった。ふわふわの鰻からにじみ出るうまみも素晴らしいが、おにぎりも悪くない。鰻の強烈な個性を、たれの染みこんだ冷や飯がやさしく受け止めてくれる。贅沢なおにぎりである。ただ、主役の鰻はもういない。後は炭水化物だけの消化試合である。そう思ってもう一口食べた。

「中にも鰻が入っているだと!!」

侮っていた。デパ地下の力を侮っていた。上に端切れが乗っているだけではなかった。正真正銘の「鰻おにぎり」であった。鰻とは本当においしい。資源量減少を受けて鰻の代替物が流通するようになったが、そのことによって鰻のもつ圧倒的な魅力が際立ったようにも思う。

夢中でおにぎり2つを掻き込んで、一息ついた。もぐもぐしながら横を見ると、高島屋の裏手に行列しているお店があるのに気付いた。

どうも中華系の食堂のようだが、このお店には名店の気配がする。今日は難しいが、大宮には一泊する予定なので明日また来てみよう。というわけで、一度駅まで戻って、今回の目的地へと向かおうではないか。

◉オレンジの聖地、NACK5スタジアムへ!!

大宮駅の東口を出るところからやり直す。すぐ目の前にあるすずらん通りへと入っていく。人がすれ違えるくらいの広さしかないアーケード街で、入り口はオレンジ色で彩られ、アルディージャのエンブレムとマスコットのアルディくんとミーヤちゃんが描かれている。この道が、NACK5まで向かう定番なのだそうだ。

入るとすぐに見えるのが酒蔵力である。この居酒屋は、浦和レッズの黎明期にレッズサポーターのたまり場になっていたことで有名である。とはいえ、本店こそ浦和にあり、系列店を合わせると、浦和には3店舗あるものの、大宮には6店舗もある。調べると会社の所在地も大宮であった。酒蔵力はノンアルコール営業をしているので帰りに寄ってみよう。すずらん通りは飲食店が所狭しと並んでいて非常に活気があった。このあたりは地代が高めなのか、大きい会社がやっている系列店が多いようだ。

すずらん通りを抜けた後は少し広い通りに出るのだが、こちらもにぎやかであった。左へ曲がり少し歩いたところには、よしもと興業のライブが行われる大宮ラクーンよしもと劇場がある。マヂカルラブリーやすゑひろがりずなどを含む大宮セブンというユニットが話題となった。

そういえば大宮セブンのメンバーも、お客さんも、両方とも同じ最終電車で東京へと帰っていくというエピソードがテレビで紹介されていた。大宮は東西南北からのアクセスが良い街であり、アクセスが良すぎてみんな宿泊せずに帰ってしまう街なのである。

NACK5に向けてどこか曲がって斜めに入っていく道があったはずなのだが、通り越してしまったようだ。

大栄橋という交差点まで来た。ここを曲がってもNACK5へと辿り着くはずだ。職業柄、重要そうな交差点は名前を覚えて、どこへ繋がっているのか確認する癖がある。ここの大栄橋交差点は大宮駅東口へと続く道なので、タクシードライバーは必ず覚えているはずだ。

大栄橋交差点を右に曲がって真っすぐ進むと、氷川ブリュワリーという醸造所直結のクラフトビールのお店があったのだが……。開いていない……。ペットボトルを使った量り売りにも対応しているようなのだがお店が開いていないとどうにもならない。

実はクラフトビールとサッカー旅は相性が良い。一般に流通しているビールは、大工場で生産して、全国に流通させていく。一方でクラフトビールは、小規模な醸造所で生産するため、生産量が少なく流通量も小さくなる。少なくとも、どのコンビニでも売っているようなビールではない。

とくに、瓶詰めではなくジョッキに注がれる生ビールはなかなか飲めない。このブリュワリーでは「氷川の杜～Hana～」というエールビールが飲める。エールビールというのは……。と小難しい話をし出すとうんざりしてしまう方がいるかもしれないので簡潔に書くが、普段日本人が飲んでいるのはラガービールといって、喉ごしと爽快感に特化したビールなのである。日本は暑くて蒸し蒸ししているので、爽快感があるビールがはやったのだ。

一方でエールビールは、発酵のさせ方が異なるのだが、何よりも違うのが味わいである。喉ごしがいいかというとそうでもなくて、重さすら感じることもあるのだが、ゆっくりと喉に落としていくとフルーティーな香りとじわじわと湧いてくるおいしさをじっくりと楽しむことができるのだ。

ぼくはエールビールが大好きだし、サッカーの母国であるイングランドにおいて、サポーターたちがパブで飲み続けているのもこのエールビールである。イングランド人は最初の一杯から最後の一杯までずっとビールを飲むという話もあるのだが、エールビールならばそのほうが自然なのである。飲めば飲むほどうまいのだから。

そのエールビールが、飲めない!!

なんという拷問なんだろうか。おいしそうなお題目とメニューが掲示されたブリュワリーを尻目に、ぼくはスタジアムへと向かった……。

ちなみに、さいたま市で育った小麦を使用した「さいたま育ち」という銘柄もあって、これもぜひ飲んでみたかった。ヴァイツェンというのはいわゆる白ビールで、癖がなく苦みも小さい。ただ「さいたま育ち」はほろ苦いなどの遊び心があるかもしれない。次こそは必ず飲もう!!

◉氷川神社参道と、この木なんの木気になる木

氷川神社の鳥居が見えてくると、すぐそばにオフィシャルグッズショップがあった。最高のロケーションである。大宮アルディージャというクラブがいかに恵まれた環境にあるかがよくわかる。

参道に入る。スタジアムへと向かう道筋として、こんなにも美しいところが他にあるだろうか。もちろん全国各地のスタジアムにはそれぞれ味わいがあるし、スタジアムまで歩いてみると、いろいろと発見がある。

松本城からアルウィンまで歩いたときは、4時間以上かかり、途中で水分補給ができず脱水症状になりかけたが、奈良井川と農園が織りなす美しい風景を堪能することができた。

町田ゼルビアのホーム、町田ＧＩＯＮスタジアムでは、バス停を降りたあと、この先にスタジアムがあるとは想像もできないような登り道の前に立ちすくむ。しかし、無事に登り切った後に食べるスタジアムグルメがおいしいのだ。

われわれはサッカーが好きというよりも、サッカースタジアムに向かうのが好きなのである。サッカーが好きなだけなら、テレビで視聴したり、ゲームをしたりすることで満足できるはずだ。しかし、われわれは違う。われわれの人生を輝かせる眩いばかりのハイライトは、スタジ

アムへと向かう道のりなのである。

正直いって帰り道はげんなりしていることもある。応援しているチームが惨敗することがあるからだ。しかし、行き道だけは常にバラ色なのである。

古くから参拝する人々を見守っていた樹木が、風の音にさらさらと鳴るのを聞きながら、参道を歩いていく。道の左右にはお洒落なお店が並んでいる。

メニューを見ると「田舎風パニーニ」と「黒イチジクの赤ワインコンポート 神酒粕アイス添え」と書いてあった。名前からはどういう食べ物なのか想像もつかないのだが、きっとお洒落で気の利いた食べ物なのだろう。

焙煎所が併設されたコーヒースタンドもあって、ハンドドリップコーヒーを淹れてもらえるようだ。焙煎というのは、大まかにいうと白い生豆を熱して、いつも見ているダークカラーのコーヒー豆にすることである。

1年だけ渋谷でバリスタまがいのことをしていたのでわかるのだが、コーヒー豆は長期保存が利くものではなく、熟成度やガスの抜け方を見ながら飲みごろを見極める必要があるのだ。

豆を見るのはハンドドリップで淹れるよりもずっと難しいのだが、要するに焙煎所があるということは豆を見れる人がいるということなので、味も期待できるのである。

大量生産品を買ってくるのではなく、自分たちの頭で考えて、自分たちの手で丁寧に作る。そうすると良いものができる。コーヒーもクラフトビールも文章も書籍も一緒なのである。

そして右を見れば氷川だんご。

氷川だんご!!

なんておいしそうな名前なのだ。今日はアルコールが入らないので氷川だんごにしよう。試合後に。

少し歩くと、古い切り株があった。近づいてみると樹皮だけが残っていて中身は朽ち果て空洞になっていた。長径は目測で130㎝ほどで、風呂桶としては少し小さいが膝を抱えれば入れないこともないという大きさである。なんでこの切り株が気になったのかというと、中の空洞の部分からピョコンと若い枝が出ていて、青々とした葉が茂っていたからだ。

切り株だけ見るとどうみても死んだ大木なのだが、こういう状態でもまだ生きているというのが面白く、また切り株の内側の微環境も気になってしばし覗き込んでいた。切り株の内側と外側は、距離としては数㎝しか離れていないのだが、日照時間や湿度などが異なることから、まったく別の環境となっている。要するに切り株の内側はまったくの別環境、別世界になっているかもしれないと考えたのだ。

ぼくの専門は海の動物なので、陸のことはよくわからないため、実際に覗いてみてもとくに発見はなかった。そもそもこの木が何の木かすらもわからないのだ。ただ、内側と外側が別世界になっているというのはサッカー観戦にも通じることだ。外から見えるスタジアムは、内側から感じるスタジアムとはまるで違うからだ。

この切り株の中に湿気がこもるのと同じように、スタジアムにも人間の熱がこもりはじめる。一度スタジアムが熱気で満たされると、他のどんな場所とも違う、特別な世界になるのだ。

◉切り株の中の世界へ

大宮アルディージャのユニフォームに身を包んだサポーターは、氷川神社の鳥居の前で一礼してから通過していく。鳥居をくぐり、人の流れに身を任せていると、池の向こうにNACK5スタジアムが見えてくる。

NACK5スタジアムの外観はどちらかというと無骨で、角張っている。いや、スタジアムというものはそういうものなのかもしれない。構造上、一番外側に一番背の高い部分、コンクリートの塊があるからだ。しかし、一度足を踏み入れると……。

どこまでも広がっていく空、整然と整った緑の芝、そしてNACK5の観客席はオレンジ色である。スタジアムに辿り着いた。しばし、鮮やかな色彩のコントラストと、開放的な空間に酔いしれる。緑のピッチを眺めていると、ヒューっと風が吹き抜けていく。これはスタジアムの風だ。サッカーの風だ。

われわれはこの風を愛している。応援しているクラブの選手たちを愛している。選手たちを支える監督、コーチ陣、クラブスタッフの皆さんも愛している。対戦相手のことだって愛している。もちろんたまには嫌いな相手もいるけれど。応援しているクラブのホームタウンも愛しているし、関係ないクラブのホームタウンも大好きだ。そう、われわれはサッカーを愛している。そして、愛情に導かれてスタジアムへとやってくる。

何だか気持ちの悪い表現なんだけど、どうしてスタジアムに行くのかを突き詰めるとこういう話になってくる。サッカーというエンターテインメントを消費する観客になるというよりも、愛情と愛着のある自分たちの場所に吸い寄せられてくるというほうが実情に即している。

スタジアムの風に背中を押されながら通路を進んでいくと、先に到着していた大宮けんとつじーが待っていた。前述したとおり、大宮けん氏はぼくに大宮の魅力を力説したアルディージャサポーター。北海道コンサドーレ札幌のサポーターのつじーとの邂逅については、拙著『サポーターをめぐる冒険』（ころから）で紹介した。8年前のつじーは大学生で、関西のサッカー観戦サークル「Tifogi」を立ち上げていた。

二人はローストビーフ丼をすでに購入したうえ、食べ終わっていた。薄情なやつらである。「先に食べるなんて酷いじゃないか!!」と少し文句を言うと、二人ともぼくのスタグル調達に付き合ってくれることになった。

◉ NACK5をスタすたグルぐる

コンコースに出て露店を物色する。スタグルのブースは時間帯によっては行列することもあるのだが、スタジアムに早めに訪れるとゆっくりと回ることができる。スタジアムの滞在時間は長ければ長いほど幸福度が増すのである。

かつお出汁がかかった山芋オクラオムライスに心を惹かれていたのだが、大宮けん氏からの「待った」が入った。彼が言うには、確かにオムライスはおいしそうなのだが、今回が初出店なのでNACK5の定番メニューとは言えないとのこと。できればいつもみんなが食べているものを紹介してほしいと力説された。大宮けん氏は、政治家家系に生まれて、将来的に政治家になることも視野に入れているだけあって、いったん説得モードに入ると頑強である。そこでお勧めを聞いてみると、ローストビーフ丼とのことだった。うーん、ローストビーフか……。ちょっと気が進まなかった。好きか嫌いかでいうと大好きなのだが、実は肉系のスタグルは食レポがしづらいのだ。というよりも、肉の味をレポートするのが難しい。とある大物政治家に食レポをさせると「ジューシーでおいしい」しか言わないということが評判になっていたが、肉の味を表現するのは少し難しいのだ。かつお出汁のかかった純和風オムライスなら、名前を出すだけでもう勝ち点3が取れるというのに……。

というわけで少し渋りつつもローストビーフ丼を購入。本来ならこれで終了なのだが、もう1つ気になったものがあった。それが「駆け巡る馬渡カレー弁当」であった。大宮アルディージャの主力サイドバックである馬渡和彰選手は、端正なマスクと攻撃的なプレースタイルを特徴としているのだが、特筆すべきなのは、ジャーニーマンであることだ。

ジャーニーマンというのはアメリカのプロスポーツでしばしば使われる用語で、毎年のように所属するチームが変わる選手のことを指す。なかなか契約延長や複数年契約ができないというネガティブな見方もできるが、毎年どこかしらのチームと契約できるというポジティブな見方もできる。ちなみに、対義語はフランチャイズプレイヤーといって、チームの顔として長年在籍している選手のことをいう。

大宮アルディージャの場合は、ジュニアユース時代から大宮一筋、ユースをいれると20年近く在籍している渡部大輔選手がフランチャイズプレイヤーといえるかもしれない。世界をみてみると、ASローマ一筋のトッティやマンチェスター・ユナイテッドFC一筋のライアン・ギグスとポール・スコールズ、現役選手でいうと、バイエルン・ミュンヘンのトマス・ミュラーや、ユース時代からFCバルセロナのリオネル・メッシなどが有名だ。メッシについては執筆時点で移籍報道が出ているのでどうなることやらだが（パリ・サンジェルマンに移籍が決まった）。

ともあれ、移籍市場が活性化している現代のサッカー界ではフランチャイズプレイヤーは非常に珍しく、選手の多くは生涯に何度か旅を経験する。最終的にどこに辿り着くのか、幸福な選手生命を全うできるのかなどは、誰にもわからない。サッカー選手は大変な職業なのだ。

そんななかでも馬渡選手ほどジャーニーマンという言葉がふさわしいキャリアを歩んでいる選手も珍しい。東洋大学を卒業後、ガイナーレ鳥取に2年間在籍したあと、馬渡選手の旅は始まる。ツエーゲン金沢、徳島ヴォルティス、サンフレッチェ広島、川崎フロンターレ、湘南ベルマーレ（期限付き移籍）と毎年のように所属チームを変えた。そして2021年に辿り着いたのが大宮アルディージャであった。

話を「駆け巡る馬渡カレー弁当」に戻す。この弁当は、馬渡選手が旅した地域の名産や特産物を使っているとのこと。実に感慨深い。旅とサッカーを紡ぐウェブ雑誌OWL magazineの最初の旅記事は、２０１４年にガイナーレ鳥取の試合を観に行ったときのことなのだが、そのときの注目選手が馬渡選手だったのだ。当時のガイナーレは得点力不足に悩まされていて、馬渡選手はサイドバックながら攻撃の要であり、得点源になっていたのだ。

サッカー博士のつじーに馬渡選手のキャリアについて教えてもらいながら席へ戻る。さあ、食べよう。

まずはローストビーフ丼から。肉を一切れ口に入れてみると、びっくりするくらいの薄切りで、やわらかく、エレガントに溶けていく。肉が薄切りだからといって味気ないかというとそんなことはない。甘辛のタレに散りばめられたクラッシュドガーリックと万能ねぎが容赦なく食欲を刺激してくる。確かにこれはおいしい。

ローストビーフ丼を一気に平らげて、２つ目の弁当にとりかかる。普段はそれほど量を食べないのだが、今日はビールを飲まない分お腹に空きがあるのだ。ライスの上にキーマカレーがのっている。その上に、輪切りになったゆで卵が縦に並べてあって、随分変わった盛り付けだと思っていたのだが、どうやら背番号の8番にちなんでいるようだ。

食べてみるとカレーとしてとってもおいしくいただけたのだが、問題はそこではない。どの食材が、どの地域由来なのかを読み解くのが、馬渡選手との勝負であった。

まずはほうれん草のシラス和え。これはわかりやすい。シラスは相模湾産のカタクチイワシの仔魚（しぎょ）である。カレーの添え物としてらっきょうがついていて、これは鳥取だろうと見当がつく。しかし、後はわからなかった……。

あとで答え合わせをしてみると、そもそもカレー自体も金沢にちなんだものらしい。唐揚げはなんだろうと思っていたのだが、唐揚げ自体にはとくに由来はなく、上においてあったすだちが徳島由来のものであった。デザートの葛餅は川崎のものとのことであった。日によっては、別の副菜が入ることがあるらしい。

馬渡選手の旅路があったからこそできた一品なのである。大変ありがたく、かつ、おいしくいただいた。弁当を2つも食べるとさすがにお腹がいっぱいになった。一息ついていると、選手が出てきて練習が始まった。

◉新潟の貴公子対大宮に辿り着きし旅人

新潟は絶好調で勝ち続けている一方、大宮はまったく勝てずに地に沈んでいた。光と影のコントラストのなか、キックオフの笛が吹かれる。

この試合のキーマンは紛れもなく本間至恩選手であった。アルビレックス新潟の下部組織から育ってきた21歳で、スタジアムで走り回っているところを見れば、サッカーの知識がない人でもすぐに違和感に気づけるほど圧倒的な能力をもっていた。実際にJ1からもオファーがあったようなのだが、熟慮の末に断って、愛するアルビレックス新潟でプレーすることを選んだ生粋の新潟っ子なのである。

若き本間選手が躍動する新潟の左サイドを抑えるのが、大宮アルディージャの右サイドバック、馬渡カレー弁当の馬渡和彰選手であった。縦横無尽に動き回る本間選手に身体をあて、スペースを潰し、駆け引きをしかけ、その動きにリミッターをかけ続けた。また、勇敢に前線まで駆け上がり、MF黒川淳史選手とのコンビネーションでゴールを脅かした。拮抗した序盤戦であったが、新潟のコーナーキックから早川史哉選手がゴールを決めると試合が動き始めた。31分には中盤でのボール奪取から、大宮のMF三門雄大選手からの長い縦パスをFW中野誠也選手が技ありのトラップからのループシュートで追いつく。見応えのある試合である。

後半に入り、59分には、それまで冴えない動きをしていたFWハスキッチが縦への抜け出しから渋いゴールを決めて2対1。ホームの大宮が勝利をたぐりよせていた。しかし、71分に馬渡選手が交代となったことで流れが変わってしまう。

馬渡選手がいなくなったサイドをあっという間に本間選手が制圧してしまったのだ。羽が生えたように走り回る本間選手を大宮は捕まえることができず、ドリブルで切り込まれてからシュートまで持ち込まれてしまう。そして、そのシュートが見事にサイドネットに突き刺さり、2対2の同点。このプレーを出されてはどうにもならない。逆にいうと、このようなプレーを馬渡選手が潰し続けていたのではないかと思う。71分での交代はチーム事情ではあったのだろうが、旅人の退場で流れが変わってしまった。

試合は2対2の同点であったが、本間選手には羽が生えてしまった。こうなると手がつけられない。縦横無尽に動き回る本間選手に手を焼き、スペースを詰められなくなると、簡単にゴール前へとパスを繫がれてしまう。このボールを途中交代で入ってきた新潟のMF星雄次選手が泥臭くキープしたあとシュート。これで2対3。試合はそのまま動かずタイムアップ。大宮は絶好調の新潟相手に良い試合はしていたと思うのだが、どうにも咬み合わないまま悔しい逆転負けを喫した。

◉氷川だんごは世界を救う‼

試合が終わる。大宮アルディージャサポーターとしては良い形を見せながらも、本間至恩という決戦兵器に蹴散らされてしまったので、あまり爽やかな気持ちにはなれなかったかもしれないが、それもまたサッカーである。

スタジアムから散っていくサポーターの流れに乗って大宮駅へと向かう。その前に……。氷川だんごを食べたい!!　お腹が空いてはいなかったのだが、氷川だんごは別腹のようだ。心も体も、氷川だんごを求めている。

というわけで颯爽と氷川だんごを購入する。オーソドックスな醤油だんごと細切りの海苔まみれになった、のり付きだんごの二種類を食べることにした。おだんごを自分で購入したのは初めてかもしれない。そういえば、よく祖母が買ってきてくれたと思い出す。

まずは醤油だんごから……。パクリと食いつくと、びっくりするほどおいしい!!　焦げた醤油の香りと、やわらかな味わいのだんごのハーモニーが素晴らしい。続いてのり付きだんごのほうを食べてみると、焦げた醤油の香りが大人しく感じられるほど、海苔の香ばしさが包み込んでいる。食べる順番はこれが正解であろう。おだんごというものは香りを楽しむものなんだなという新しい発見をする。

スタジアムからの帰り道におだんご屋さんがあるのは素晴らしいことだ。試合に負けたときも、鮮烈な香りとおだんごの優しい風味が包み込んでくれる。勝ったときは最高のおやつとしてお腹の中で跳ね回ることだろう。次に来た時は大喜びしながら氷川だんごをほおばるオレンジュニフォームを見たいものだ。

◉酒蔵力とアルディージャサワー

普通ならどこかでお酒でも飲みたいところなのだが、今回は時世が許さない。とはいえ、どこかで話がしたいのですずらん通りまで戻って、酒蔵力に入ることにした。店内には埼玉新聞の記事が掲示してあり「レッズサポの聖地」の文字が躍っていた。酒蔵力はやはり浦和の文化なのかなぁとも思うのだが、大宮けん氏に聞いてみるとちゃんと大宮のお店として愛されているようであった。

メニューを見ると、アルコール類は政治の圧力によって提供されていなかったのだが、アルディージャサワーがあるので注文してみた。オレンジ色の飲み物がジョッキで運ばれてきた。名前こそサワーなのだが、実際にはアルコールは入っていない。飲んだ印象としてはオレンジソーダである。レッズサワーもあって、こちらは赤紫蘇を絞っているとのこと。

酒蔵力で、大宮アルディージャの展望についての重い話をしていると、OWL magazine 副編集長のキャプテンさかまき氏が現れた。この人は移動するのが好きなタイプの旅人なので、思わぬ場所に不意に現れる。先日打ち合わせをした際には、20㎞くらい離れた自宅から自転車でやってきた。トライアスロン経験もあるので体力的には余裕なのだそうだ。もっともこの日は電車で来た。

サポーターが集うと皆それぞれ応援しているチームの現状を語り合うことになる。ぼくの応援するFC東京は4連敗で順位を落としていて、首位の川崎フロンターレが勝ちすぎていることもあり、早くもシーズン優勝が厳しくなっていた。ちなみに川崎フロンターレは12勝0敗2分であった。つじーの応援するコンサドーレ札幌も3勝5敗3分とパッとしない。

とはいえ大宮アルディージャの前ではかすんでしまう。大きなスポンサーがいることもあって、J2というカテゴリにおいては圧倒的な資金力をもっている。NACK5という最高クラスの専用スタジアムもある。しかしながら、成績が奮わない。この日の敗戦によって2勝7敗3分となってしまった。クラブの規模を考えると優勝争いをしなければいけないのに、22チーム中最下位に沈んでしまった。この状況の分析と大宮の未来についての熱い話を繰り広げたのだが、一つの落ちがついた。副編集長さかまきが応援している東京武蔵野ユナイテッドFCは、この時点で0勝4敗4分であったのだ（執筆時点では0勝8敗5分）。クラブの体制に変革があったとはいえなかなか厳しい状況になっている。みんななかなか大変だねと共感しあいながら、この日は解散となった。

◉ルームサービスの極上大宮ナポリタン

大宮駅のスターバックスコーヒー前のロッカーから荷物を回収して、ソニックシティにあるパレスホテル大宮へと向かう。パレスホテルといえば非常に格式の高いホテルで、通常のお値段ではなかなか泊まれないのだが、こういう状況なのでリーズナブルであったのだ。

とりあえずコンビニでビールを購入してから部屋へと入る。分不相応に良い部屋に案内していただき、大宮の夜景を見ながらようやく乾杯である。部屋の居心地が素晴らしく良かったので、しばしデスクワークをしていたのだが、夜半になると小腹が空いてきた。せっかくだからルームサービスを頼んでみようと思ったところ、大宮ナポリタンの文字が!!

解説を見てみると、氷川神社の鳥居の朱色、大宮区の色、大宮アルディージャの色でもあるオレンジにちなんでということで、ナポリタンを名物にしようという試みがなされたのだそうだ。チラシで紹介されていた「大宮ナポリタン会」なる組織のホームページを見てみると、旧大宮市内に店舗があり、具材に埼玉県産野菜を1種類以上使っていることが大宮ナポリタンの定義とされていた。

少し待つと、執事みたいに礼儀正しい男性がナポリタンを部屋まで運んできてくれた。もう

1本ビールを開ける。プシュ!!

というわけでルームサービスのナポリタンを食べてみると……。

「おいっしー!!」

これは凄いナポリタンだ。トマトの酸味がしっかりと効いていて食欲がこれ以上ないほど増進される。パスタのゆで加減も絶妙で、きっと良い岩塩を使っているのだろう、噛みしめると旨味が湧き出てくる。ナポリタンは、庶民的な素材を使った庶民の味だ。このナポリタンも庶民の味ではあると思うのだが、味の濃厚さ、多重奏がお見事であった。満足、満足。幸せ、幸せ。

良いホテルの良いベッドで目覚めて、実は一番楽しみにしていたホテルの朝食ビュッフェを堪能した。サラダ、オムライス、ソーセージ、フレッシュオレンジジュースにホットコーヒーである。

朝食のあとベッドでまったりとした時間を過ごし、ジムで水泳をしてリフレッシュする。貴族の朝である。調べてみると、さいたま市の高ランクホテルは旧大宮市のエリアに集中しているようだ。大宮けん氏に聞いてみると、浦和は官公庁があるだけの街なのでそれほど出張の需要がないのだが、大宮は商業の街なので高級ホテルの需要も高いのだという。

◉大宮散策。至高の書店と大宮貴族の館

二日目はとくに予定をいれていなかったので、昼前にチェックアウトして大宮散歩をすることにした。ソニックシティを出て、大宮駅へと向かう。散歩をするために荷物をロッカーに放り込む必要があった。

そのとき、異変が起こった。大宮駅のホームにイーストアイ（East i）が止まるのが見えたのだ。イーストアイといえば、息子が3歳くらいのころ、新幹線に熱中していて、毎晩のように動画で見せられていたあの電車だ!! 書店員時代のなけなしの給料でイーストアイとドクターイエローのプラレールを買ってあげたら、次の日にはバラバラに分解されて二度と動かなくなったあのイーストアイだ!!

イーストアイというのはドクターイエローと同じ役割をしている新幹線で、線路や電気系統の状態に不備がないかを検査する仕事をしている。狙って見ようと思ってもなかなか難しいらしく、時刻表を見て検査車輌が走っているタイミングを見計らう必要があるのだそうだ。偶然ながらイーストアイを見つけてしまって非常に上機嫌になった。大宮すごい!!

大宮駅の東口で荷物を手放し散策開始。まずは、昨日行列ができていた高島屋の裏手にある定食屋さんが気になって行ってみたのだが、まさかの定休日……。サッカー観戦で日曜日に宿

泊すると、月曜日定休のお店にぶちあたることが多い。これは、ぼくのなかではサッカー旅あるあるなので仕方がない。

しばし散歩を続ける。大宮の街は、整然としていてきれいだなと感じられるようになった。一方でギラギラの繁華街があって、大宮けん氏のいう「この町にはすべてがある（浦和には何もない）」という話にも頷けるところがある。浦和についてはは行ってみないことにはよくわからないが、大宮に比べると閑静な住宅街というのは間違いないようだ。

途中「押田謙文堂」という書店を見つけて、吸い寄せられるように入っていった。ダークカラーの書棚が並んだシックなお店なのだが、この書店が大当たりであった。1年だけだが書店員をしていて、延々と書棚の手入れをし続けたことがあるからよくわかるのだが、押田謙文堂の書棚は、選書も素晴らしく、よく手入れされていてとてもきれいだ。書店員がやる気のない本屋は、書棚もやる気がないのである。

書棚を眺めていると本が刺さってくる。平積みの本もとても良くて、はやりのコロナ対策本も比較検討しやすいように並べられていた。自然とどの本が良いかと手に取り、そのうち何冊かを購入した。良い書店に入ると本を買わざるを得ないのである。本を読むと知識、教養がつき、人生が豊かになる。本と書店は、人生の良き伴侶なのである。

さらに歩き回っていると「伯爵邸」というお店を見つけた。このお店は24時間営業で、いつ行ってもお酒が飲めるのが特徴なのだそうだ。大宮けん氏のイチオシである。ただ、いまは例によってノンアルコール営業をしている。

入ってみると、異様なまでに濃い世界観であった。全世界のお土産屋さんで一番目立つものだけを購入して集めてきたようなセレクトとなっていて、ぼくは2羽の巨大なコンゴウインコが戯れるオブジェと、物憂げな表情を浮かべて腰掛ける女性像の目の前に腰掛けることになった。

メニューを見るとお酒のラインナップが本格的で、カクテルの王様ことマティーニまで並んでいた。昼間からマティーニが飲めるお店は初めて見た。何を頼もうかと思ったのだが、定番の「伯爵邸大宮ナポリタン」を頼むことにした。ナポリタン続きにはなるのだがこれが大宮なのである。

ここで嬉しいサプライズ。なんとコンソメスープとミニサラダまでついている。そしてナポリタンはちょっとした山である。大ボリュームだ。オレンジの山の上には、かいわれ大根と白ネギが添えられている。

オニオンスープで臓腑を温めてオレンジ軍団との戦いを始めよう。山を崩して食べ始めてみると、周囲の貴族趣味のインテリアからは想像できないほど優しい味わいであった。そして、添えられた白ネギがシャキシャキでおいしい。たまねぎとピーマンもとってもおいしい。食感も心地良く瑞々しく味もとても良い。サラダもおいしい。野菜がおいしいお店は何を食べてもおいしいというのが持論なので、おそらく伯爵邸は全メニューがおいしいはずだ。

ナポリタンにはもう1つサプライズが仕組まれていた。豚肉が入っていると思っていたのだが、何とイカまで入っていた。そんなこともあるのかと思いつつ、お好み焼きを思い出しながら食べ進める。量が多いので後半は粉チーズとタバスコを投入する。ビールが飲めないのが心底残念ではあるのだが、このご時世だからやむを得ない。必ず再訪したい。

◉大栄橋から大栄橋西と大宮サンセット

伯爵邸を出て、再び大宮の街へ。とはいっても、もうお腹はいっぱいである。夜の大宮を満喫してみたいところではあるが、いまはお店が開いていないので出直したほうが良さそうだ。町外れまでフラフラと歩いていくと、大栄橋という交差点についた。NACK5スタジアムへと向かうときに曲がったところだ。今度は逆方向に進んで、大栄橋を渡ってみよう。

大栄橋は川にかかっている橋ではない。大宮駅から伸びてくる線路をまたいでいる。少し先に大宮駅が見える。そこから伸びてくる線路の数は……。分岐などもあるので正確に数えられないのだが10本どころではない。20本くらいはあるのではないだろうか。

と思っていたら、貨物列車が通りかかった。金太郎だ!!

有名な貨物列車、金太郎が通りかかるという奇跡である。これがどのくらいレアリティの高いことなのかはわからないのだが、普段貨物列車を見ることすらほとんどないため、物珍しさもあってぼんやりと眺めていた。

　すると、大栄橋の上に広がる大宮の空が、少しずつオレンジ色に染まってきた。そういえばスピッツが『大宮サンセット』という曲を歌っていた。大宮アルディージャ、氷川神社、夕焼けとナポリタン。オレンジ色に染まっていく大宮の空の下、忙しそうに電車が走り抜けていく。大宮は良い街だ。この街にしかないものがたくさんある。とても愛しくて、かわいらしくて、華やかで、にぎやかな街だ。東京でいうと新宿のような街だけど、新宿とは全然違う。新宿という街は、懐が深く、何もかもを受け止めていく。母のような街であると同時に、行き場のない者の吹きだまりでもある。

　一方で大宮は、大宮のことが大好きな人が集まっている街なのだそう。大宮に愛着がなかったら電車に乗ればいい。すぐに東京へと辿り着くからだ。大宮という街は、大宮が大好きで、大宮にいたいという気持ちが、優しく積み重なった街。オレンジ色にぼんやりと光る街。

大栄橋を渡ると大栄橋西という交差点があった。そこを左折してみると宇宙劇場があって、プラネタリウムを上映しているらしい。今度来たときはのんびり宇宙のことを考えてみるのもいいかもしれない。歩いているとスタート地点のソニックシティに辿り着いた。どうやら大宮の街をおおむね一周したらしい。

名残惜しいがそろそろお別れだ。帰り道は新幹線にしよう。それほど値段は高くないし、大宮という街から東京へと戻るには新幹線がふさわしいような気がしたのだ。

さらば大宮、また来る日まで。次来るときは、夜の大宮を見せてもらおうじゃないか。朝方、オレンジ色に染まる大宮駅を見ながら、伯爵邸でさらにもう一杯。そんな日が訪れることを祈りつつ、新幹線に乗り込む。

押田謙文堂で購入した本を開くと、わずか24分で東京駅へと到着した。大宮は、東京から一番近いパラダイス。日帰りで帰るのはもったいない。豪華なホテルはよりどりみどり、贅沢に一泊して、オレンジ色の街を食べ尽くそう!!

これからも、大宮とともに

大宮けん

「ねえねえ、けんちゃんの家にお泊まりしたい！」

彼女からの電話。僕と彼女は、数カ月前から付き合い始めていた。彼女が暮らす東京都内の家には何度か泊まりに行ったことがあったが、そういえばウチにはまだ彼女を呼んでいなかった。断る理由などまったくない。

「いいよ！　楽しみ！」

彼女が初めて大宮の実家に泊まりに来ることになった。

関西で生まれ育った彼女にとって、大宮は未知の世界。滞在する3日間、どこへでも連れて行くよと約束していた。

「どこか行きたいとこある？」

「ディズニーランドに行きたい！」

埼玉の良いところを伝えようと鼻息を荒くしていたのに、いきなり永遠のライバル千葉県の有名スポットが出てきてしまった。〝埼玉のディズニーランド〟むさしの村を提示するわけにもいかず、ディズニーランドに行くことは確定した。「あとは？」そう問うと、少し考えるような空白があってから「けんちゃんが大好きな、大宮アルディージャの試合が観てみたい！」と彼女は言った。

調べてみると、ちょうど彼女が滞在する3日間のうちに、NACK5スタジアム大宮でアルディージャの試合が組まれていた。僕は熱狂的なアルディージャサポーター。僕が幼稚園に通っているときにJリーグへと参入したアルディージャ。スタジアムデビューも幼稚園児だった。部活や塾などであまり足を運べない時期もあったが、社会人になって以降はホームゲームはほぼ全試合欠かさずに観戦をしている。当然このゲームにも行きたかったのだが、この3日間は彼女との大切な時間を第一に考え、断腸の思いで参戦を断念していた。

まさか彼女の口から「アルディージャ」というワードが出るとは。確かに僕がサッカー好きで、アルディージャの試合をよく観に行っているという話はしていた。しかし彼女は根っからの阪神タイガースファンで、サッカーにはつゆほども興味がなかったはずだった。

僕は前のめりになって「いいよ、行こうか」と相槌を打つ。電話の向こうから「やったぁ！」

という声が聞こえた。こうして、大宮サッカーデートの予定が僕らのカレンダーに刻まれた。

◉スタジアムまでの道中も魅力がいっぱい

大宮の人なら誰もが知る待ち合わせスポット「まめの木」で彼女を出迎え、デートスタート。大宮はデートスポットという面において、非常に優秀な都市だ。とにかく、すべてが大宮駅周辺にコンパクトにまとまっている。

大宮駅東口には街のシンボル、氷川神社が鎮座している。氷川神社は紀元前473年に創立したとされている。古代ギリシアのパルテノン神殿が紀元前438年創立であることからも、氷川神社が重ねてきた歴史の厚みがよくわかるだろう。歴朝の崇敬を厚く受け、武士の時代になって以降も、武蔵国の一宮として北条・足利・徳川などに相次いで尊仰されてきた。現代でも、正月三が日の初詣の参拝者数はつねに全国ベスト10に入る。大宮住民のみならず、埼玉県民に広く愛されている神社である。

一方、大宮駅西口には宇宙劇場がある。宇宙劇場は、彩の国21世紀郷土かるたでもおなじみの宇宙飛行士、若田光一氏が名誉館長を務めるプラネタリウム施設。社会科見学でも必ず行くので、大宮で生まれ育った人なら知らない人はまずいないだろう。非日常的で幻想的な世界を味わうことができるので、デートにも最適だ。

買い物やカフェでの休憩にも困ることはない。東口には高島屋があり、西口にはそごう、アルシェ、マルイがある。そして駅ビルにはルミネ。大宮駅から歩いてすぐの範囲だけでも、これだけのスポットが揃っているのだ。そのうえ、ニューシャトルに一駅乗れば鉄道博物館があり、宇都宮線に一駅乗れば盆栽美術館がある。大宮は東北新幹線と上越新幹線、高崎線と宇都宮線が分岐する交通の要衝であり、東京へのアクセスも抜群なのだが、もはや東京に行く必要すら感じない。大宮は完璧な都市なのだ。

ちなみに、大宮駅はこれからさらなる進化を遂げる予定である。2018年に策定された「大宮駅グランドセントラルステーション化構想」は、大宮駅を東北・北陸・関東の交通網のハブにしようというもの。これが実現すれば大宮駅は、東海道方面における品川駅のようなポジションを確立することができるのだ。「港区男子」という言葉がはやりだが、「大宮男子」がステータスになる日もそう遠くはないだろう。

「まめの木」で集まったのはちょうどお昼どき。ひとまずランチにしようということになったのだが、大宮は飲食店も非常に豊富。外食のたびにどこに入るか悩んでしまう。僕の大好きなラーメンを例に挙げよう。中野の「青葉」、上板橋の「蒙古タンメン中本」、新宿ゴールデン街の「凪」。東京で味わおうと思ったら、電車を乗り継がなければハシゴできないこの3つの名店も、大宮なら歩いて悠々ハシゴすることが可能なのだ。そしてつけ麺なら「狼煙」、「102」。二郎系なら「ジャンクガレッジ」に「どでん」。そして昔ながらの中華そばを味わいたいなら「多万里」。東京では味わえない、埼玉ならではの店もきちんとある。大宮は本当に罪深い街である。僕も違う都市で生まれ育っていたら、もう少しスリムな体型だったのであろう。

「何食べたい?」

「うーん、大宮っぽいものが食べたい!」

僕は迷わず大宮ナポリタン発祥の店、伯爵邸へと向かった。

皆さんは、大宮ナポリタンをご存じだろうか。浦和が鰻の街なら、大宮はナポリタンの街。「鉄道のまち大宮」で働く鉄道員や工場労働者が昔から好んで食していたのが、ナポリタンだったそうだ。新潟の燕三条でラーメンが発展したのと同じ要領である。大宮ナポリタンの条件は、旧大宮市内に店舗があり、具材に埼玉県産の野菜を一種類以上使うこと。アルディージャのカラーや氷川神社の鳥居の色に似ていることもあって、僕は試合前のゲン担ぎに大宮ナポリタンをよく食べる。浦和名物の鰻のように、特別なごちそうではないかもしれない。しかし、これを食べないとどうにも気合いが入らないのだ。鰻を毎週のように食べる人はあまりいないだろうが、ナポリタンは毎週でも食べられる。僕がナポリタンを食べるのは、週末に訪れるルーティンなのである。

彼女も大宮ナポリタンには大満足だった様子。なんでも彼女は幼少期、毎週土曜のお昼は吉本新喜劇を見ながらナポリタンを食べていたようで、ナポリタンには非常にたくさんの思い出があるそうだ。

大宮ナポリタンを堪能し、店を後にした僕ら。試合まではまだまだ時間がある。彼女から新喜劇の話を聞いていたら、お笑いが見たくなってしまった。スタジアムまでの道中にある大宮ラクーンという商業施設によしもと劇場があるので、そこで公演を見ていくことにした。劇場では漫才・コント、ときに新喜劇などさまざまな演目を堪能できるのだが、僕は落語が好きだった。吉本の劇場に限らず、大宮では落語に触れる機会が多い。たとえば、宇宙劇場で行われる、落語とプラネタリウムのコラボレーション。この食い合わせが意外にも相性バッチリ。ぜひ一度味わってみてほしい。私の両親や祖父母も落語が好きだったこともあり、小さいころから落語にはなじみがあった。とはいえ、中学生くらいまでは何が面白いのか理解できないでいたが、高校に上がって高座を生で見るようになるなかで、落語の魅力にハマっていった。残念ながらその日の演目に落語は含まれていなかったが、僕たちは絶品の漫才やコントを堪能した。彼女によれば、なんばグランド花月の公演では必ず一人、落語家も舞台に上がるそうだ。本場の上方落語を味わうのは、彼女の実家に行ったときの楽しみにしておこう。

劇場を後にした僕らは、一の宮通りをブラブラする。一の宮通りは大宮駅と氷川神社を繋ぐ、歴史ある通り。モダンなデザインの建物が立ち並ぶこの道が、僕は小さいころから大好きだ。チェーン店ではなく、個人経営のお店が多く立ち並ぶのがこの通りの特徴。古着屋、雑貨屋、酒屋にピザ屋。どこに入っても本当にレベルが高い。大宮住民が自信をもって推薦できる通りである。大宮ならではのものを味わいたいのであれば、駅前ではなく一の宮通りに来るのがオススメだ。

一の宮通りを抜けると、そこにはアルディージャのクラブショップ、オレンジスクウェアがある。せっかくスタジアムに行くのだから、背番号入りTシャツくらいプレゼントしよう。

「どれがいい？　何でも買ってあげるよ」

「本当？　けんちゃんが着てるのと同じのがいいなぁ」

残念ながら僕が身につけていた選手のものは置いておらず、彼女には背番号12番のTシャツを買ってあげた。レジでタグを切ってもらい、店を出るやいなやTシャツを着用。僕たちはアルディとミーヤのごとく、手を繋ぎながら氷川参道を歩いた。

氷川参道には何かと誘惑が多い。「氷川だんご」に「小林屋」のおせんべい。スタジアムの向かいにある蕎麦屋「奥信州」も名店だ。少しそれたところには、見沼の小麦を使用したさいたま育ちのクラフトビールが味わえる「氷川の杜」もあるし、オレンジスクウェアのところをさいたま新都心方面に進めば、スペシャルティコーヒー専門店の「熊谷珈琲」もある。いろいろ食べ飲み歩きたい気持ちもあったが、僕らはお昼のナポリタンのボリュームに圧倒され、まだまだお腹がいっぱいだった。彼女に氷川参道沿いの名店を案内するのは、またの機会にすることにした。

氷川参道を抜け、いつもどおり氷川神社で必勝祈願を済ませた僕らは、隣にある大宮公園にやってきた。駅の近くにこれだけ緑が多い公園があるのも、われわれ大宮住民の誇りだ。大宮で育った人なら、誰もが小さいころに大宮公園の動物園や遊園地で遊んだことだろう。その子どもが大きくなり、家庭を築き、今度は親としてこの公園に帰ってくる。大宮公園はそういう場所だ。子どもを遊ばせる先輩夫婦たちを眺めながら、僕らは将来について語り合っていた。

「子どもは何人ほしい？」

「私が一人っ子でずっと寂しかったから、二人はほしいな！」

「男の子？　女の子？」

「どっちもほしいね。男の子には野球やらせたい！」

いや、いまからサッカー観るのに野球かい。心の中でツッコミを入れながらも、そんな僕らが子どもを連れて大宮公園に遊びに来ている未来が、僕はハッキリと想像できた。かつて僕が、両親に連れてきてもらったように。

●いざ、NACK5スタジアムへ

いよいよスタジアムに入場。彼女は入場待機列が伸びていることにとても驚いていた。その試合はＪ２のリーグ戦。彼女のなかでは、Ｊ２は観客動員に苦戦している不人気なリーグだという先入観があったらしい。Ｊ２の、取り立てて注目度も高くないカードにもかかわらず、長蛇の列ができていることに、とても驚いていたのが印象的だった。

その日はメインスタンドの指定席を確保していた。普段僕はゴール裏で観戦することが多いのだが、サッカー初観戦でゴール裏は少々ハードルが高い。チャントやコールを知らないことによって気後れしてしまうかもしれないし、何よりも、お世辞にもサッカーが見やすい角度とは言いにくい。観戦にある程度慣れてくると、攻撃の方向が潮の満ち引きのように見えて、かえってゴール裏のほうが試合展開を掴みやすかったりする。しかし一般的には、ピッチを上から眺めることができる、メインスタンドの上のほうが見やすい座席だろう。

　僕らは荷物検査のブースを抜けると、ＱＲチケットを機械にかざしてゲートを抜けた。ピッチを右手に見ながら、僕らは指定席を探した。彼女は幼少期に地元のヴィッセル神戸の試合を一度観戦して以来、実に15年以上ぶりとなるJリーグ観戦。太陽に照らされた緑のピッチに心を奪われているように見えた。

　その日はジェフ千葉との対戦。前日は彼女とディズニーランドに行った。そういえば、かつては舞浜にジェフのグッズショップがあったなあ。そんなことを考えながら、両チームの話や注目選手についてあれこれ話しているうちに、両チームの選手によるウォーミングアップが始まった。その瞬間、彼女が大きな声を挙げた。

「うまい！　うますぎる！」

　十万石まんじゅうか、とツッコみたくなったが、関西出身の彼女は確実に元ネタを知らない。風が語りかけていたことにはとくに触れず、彼女の話を引き続き聞いた。

「プロの選手ってこんなにうまいんだ！」

　なんでも彼女は、高校時代サッカー部の男子と付き合っていたそう。それでときどき、彼氏の試合を観に行っていたのだという。そのときに観ていたサッカーと、目の前で行われているパス練習の差が大きすぎて驚いたようだ。

ウォーミングアップが終わると、両チーム選手の紹介が始まった。J2のゲームということもあり、彼女が知っている選手は両軍合わせて一人もいなかったようであるが、両クラブサポーターの統率された声や大旗にはとても興奮していた。

練習する選手を横目に、僕らは食べ物とビールを求めてスタジアムを巡った。NACK5スタジアムには、埼玉中のおいしいものが集まっている。狭山市にある宮木牧場のローストビーフ、草加市の草加せんべいを使用したからあげ、秩父市の名物味噌ポテト、さいたま市周辺に住む埼玉県民のソウルフードであるスタカレー、そして最近はテレビや雑誌でもよく取り上げられる武蔵野うどん。

悩んだ末、僕たちはうどんとビールを購入した。僕は埼玉が香川に次ぐ生産量を誇るうどん県であることを彼女に力説したが、いまいちピンと来ていないようであった。関西のうどんといえば薄味で麺はモチモチ。濃いめの出汁で麺にコシのある埼玉のうどんが彼女の口に合うか心配だったが、とても気に入ってくれて一安心。これで結婚しても味付けで揉めることはなさそうだ。

僕たちはうどんを食べ終えると、ビールを片手に席へと戻った。僕も彼女もお酒は大好き。

一緒に食事をしたときも、お互いの家に行ったときも、お酒を飲みながらいろいろなことを話したりしていたが、やはり試合前のスタジアムで飲むビールは格別だ。これからサッカーが始まるんだという「ワクワク感」こそが、最高の酒のツマミなのだ。僕たちはビールを飲みながら、今日の試合の展望を語り合い、試合開始を待った。

そして試合開始直前。両チームの選手紹介が始まる。特攻野郎Aチームのテーマに合わせたポップな選手紹介が終わると、僕はかばんからタオルマフラーを2つ取り出し、そのうちの1つを彼女に渡した。NACK5スタジアムでは、選手紹介が終わったタイミングで必ず「叫ばずにはいられない」というチャントが歌われる。

叫ばずにはいられない
大宮への愛を歌う
オレンジと紺の勇者
俺たちの街の誇り
だからどんな時もここに集い
大宮への愛を歌う

この歌よ君に届け
共に戦うために

他のクラブのサポーターからも人気のあるチャントで、高校サッカーなどでもいくつかの学校で使用されている。僕はこのチャントの歌詞が本当に大好きだ。攻撃的で粗暴な歌詞はまったく出てこない。ただひたすらに、大宮への愛を歌い、選手に想いを届ける。

チームのタオルマフラーを頭上に掲げ、オレンジに染まったゴール裏を見ながらこのチャントを聞いていると、僕は時折涙を浮かべてしまう。僕の生まれ育った大宮は、こんなにも誇らしい街だったのか。そして、僕と同じように大宮を愛する人がこんなにたくさんいるのか。そう思うと、いろいろな感情が相まって、なんだかこみ上げてしまう。

アルディージャは、お世辞にも強いチームではない。J1では毎年のように残留争いに巻き込まれ、2017年シーズンで最下位に終わり、J2に降格して以降は、J2でも思うような結果を残せずにもがき苦しんでいる。強いからアルディージャを応援しているという人は、ほとんどいないだろう。この街が好きだから、この街が好きだと心の底から表明したいから、スタジアムに集い、声の限りに叫ぶのだ。

この日は一生一緒にいようと約束した彼女との、初めてのサッカーデート。僕らはきっとこの街でともに歩み、おじいちゃんになり、おばあちゃんになっていくのだろう。そう考えたら、いつもにも増して涙が溢れ出てしまった。彼女に引かれていないか心配で様子を確認したら、彼女も同じように涙を流していた。後から聞いたら、まったく同じことを考えていたのだという。絶対にいい夫婦になろうと、改めて心に決めた瞬間である。

その日は試合内容も素晴らしかった。立ち上がりにセットプレーから河本裕之選手が先制点を挙げると、前半のうちに奥井諒選手が見事な連携から追加点。後半もゲームの流れを完全に掌握して守り切り、見事に勝ち点3をゲットした。

初観戦での勝利に彼女も大興奮。彼女は、得点した二人ではなく、中盤で見事なゲームメイクを見せた背番号26番の小島幹敏選手が印象に残った様子。帰りの氷川参道では、幼なじみかのごとく小島選手のプレーについて話していた。

「大宮に住んだら、いっぱい観に来れるね！」

彼女はふとそう言った。僕と彼女は前々から、どこで同棲生活をはじめようかという話をしていた。大宮がいいと言い続ける僕に対して、都内での同棲を希望する彼女。無理もない。彼女は高校までの18年間を関西で過ごし、大学進学以降も関西に帰りやすい東京都南部で暮らしてきた。急にわけのわからない土地に行くのは、不安もあるだろう。

彼女の気持ちを大宮に向かせるべく、ナポリタンを食べさせたり、お笑いライブを見せたりしたが、後で聞いたら荒川越えの決め手になったのはアルディージャだったという。試合日の街の雰囲気やスタジアムの雰囲気、サポーターの熱気やチャントの歌詞など、さまざまな要因が彼女に荒川越えを決断させたのだ。

◉この街でずっと二人で

大宮駅に着き改札を出ると、二人で待ち合わせしたまめの木がある。ここでどれだけの人と待ち合わせしただろうか。幼なじみ、チームメイト、親、親戚、そして彼女。僕の大宮での思い出の多くは、このまめの木からスタートしている。

東口を出るとすずらん通りだ。ここは中学時代に通っていた塾に向かう道。たまたま取れた模試の結果で、埼玉県南部の成績上位者が集うクラスに入れられてしまい、毎週のように苦悶の表情を浮かべながら歩いていたことが思い出される。

そのまま真っすぐ進むと旧中山道にぶつかり、少し北に行くと一の宮通り。さらに行くと氷川参道、その終点にあるのが氷川神社であり、NACK5スタジアム大宮。改札を出てからスタジアムにつくまでの道中すべてに思い出が詰まっている。

そしてスタジアムのゲートを抜けると、みんなが声をそろえて「大宮」という愛する街の名前を叫んでいる。埼玉県民は郷土愛がないとか、埼玉都民とか、ダ埼玉とか、何かと揶揄されがちな僕の故郷。そんな風潮もあってか、日常生活の中では、大宮への愛情を大っぴらに表現する人はなかなか見かけない。しかし、本当はみんな大宮の街が大好きなのだ。

大宮は僕のすべてだ。そんな大宮の街を二人で歩くことによって、彼女もまた大宮のことを好きになってくれたのだ。僕はさらに、大宮の街とアルディージャのことが好きになった。ありがとう大宮。ありがとうアルディージャ。一生この街で応援し続けるからね！

それからほどなくして、僕と彼女は同棲を始めた。そして、毎週末のようにスタジアムに通い、ともに応援し、ときに祝杯を挙げ、ときに深く悲しんだ。ホームでモンテディオ山形に敗れ、プレーオフ敗退が決まった直後の彼女の涙は、いまだに忘れられない。ほんの数カ月前までアルディージャのこともサッカーのことも知らなかった彼女が、こんなにも心を動かされ、涙している。このときほどスポーツの力、サッカーのもつパワーを感じた瞬間はない。

仲間を自分を

積み上げたものを信じろ
大宮さあ行こうぜ
俺らと共に熱くなれ

彼女がとくに気に入ってくれたチャントである。僕らは大好きな大宮の街でたくさんの思い出を積み上げていく。アルディージャが大宮の街にさまざまなストーリーを残してきたように、僕らもまた大宮の街にたくさんのことを刻んでいくのだ。

We are ORANGE!
We are OMIYA!

2

大宮〜浦和

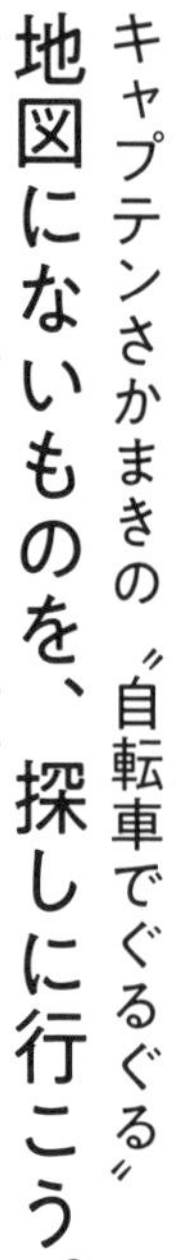

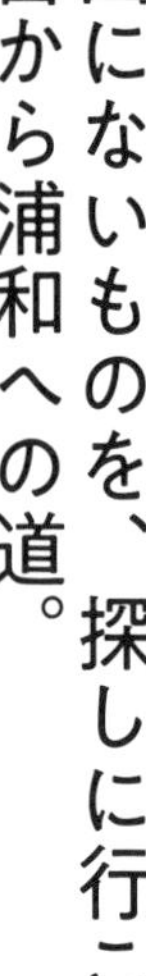

キャプテンさかまき

整備したばかりの自転車にまたがり、北を目指す。地図にないものを探しに、埼玉へと向かうのだ。

東京都板橋区にある志村三丁目交差点から国道17号線、別名中山道へと入っていく。中山道とは江戸時代からの歴史をもつ街道の一つだ。東海道と同じく江戸と京都とを結ぶ街道だが、こちらは内陸を進んでいく。昔は人力車や籠が往来したであろうこの道を、エンジンを積んだトラックやバスがわが物顔で走り抜ける。

緩い下り坂でペダルを踏んで速度を上げ、そのまま北へと進むと戸田橋が見えてくる。この橋は自転車での通行ができないので、仕方なく歩道へと迂回する。さすがに歩道でスピードを出すわけにもいかないので、しばしペースを落として雄大な川の流れに目を移す。

広い荒川を越えると、どこか遠いところまできたような気持ちになる。江戸時代、この地に橋は架けられておらず、旅人たちは渡し船で川を渡っていたそうだ。当時の旅人も、この先の道中への期待や不安を抱きながら、川を見つめていたのだろうか。

川とともに県境を越え、埼玉の地へ降り立つ。今日の最初の目的地、大宮まではあと少しだ。私はキャプテンさかまき。サッカー旅愛好家にして、誰よりも自転車を愛する男だ。東京から走り続けて辿り着いた場所は、北は北海道、南は鹿児島まで。東京在住だが、埼玉ならば県内どこでも自転車移動の圏内だ。急に海が見たくなり、東京から埼玉を超えて新潟まで走破したことだってある。

それほどまでに自転車を愛するのには訳がある。自転車旅は、他の交通手段よりも旅先で得られる情報が多いのだ。車や列車ほど速度が速くない分、さまざまなものが目に映る。面白いものがあれば、立ち止まるのだって思いのままだ。狭い道や、河川敷だって自転車なら入って行ける。そういう見落としがちな場所にこそ、街の魅力が隠れているのだ。

それに、生身で移動しているからこそ天候や地形を直接感じることもできる。夏の暑さに冬の寒さ、そして上り坂には堪えるが、それもまた旅の強烈な思い出になる。

ペダルを漕いで北へ南へ。今日も自転車にまたがる。

◉大宮と浦和、近すぎる関係。

今回の旅は、NACK5スタジアム大宮から埼玉スタジアム2002へと向かう。言わずもがな、さいたま市に本拠地を置く2つのJリーグチームのスタジアムだ。都内からもアクセスがよく、かつサッカー専用スタジアムということもあり、訪れたことがある方も多いだろう。

しかし、同じ市内のスタジアムでありながらも、お互いの位置関係については意外と知られていないのではないだろうか。

NACK5スタジアムは大宮区に立地しており、新幹線も停車する大宮駅からは徒歩15分ほどの立地だ。大宮駅からはスタジアムに隣接している氷川神社の参道を通る。武蔵国の一宮にして、大宮という地名の由来となった由緒ある神社だ。

一方の埼玉スタジアムは緑区に立地しており、浦和駅からは大きく離れている。最寄駅は埼玉高速鉄道の浦和美園駅。「浦和」と冠されているが、この周辺は戦後に当時の浦和市に合併されるまでは美園村という独立した自治体だった。駅が完成したのは2001年のことで、周囲は新興住宅街として開発が進んでいる。

そして位置関係だが、実は2つのスタジアムは直線距離でいえば10㎞ほどしか離れていない。見沼区をちょうど挟む形になって立地しているのだ。そして、この「見沼」という地名こそが、

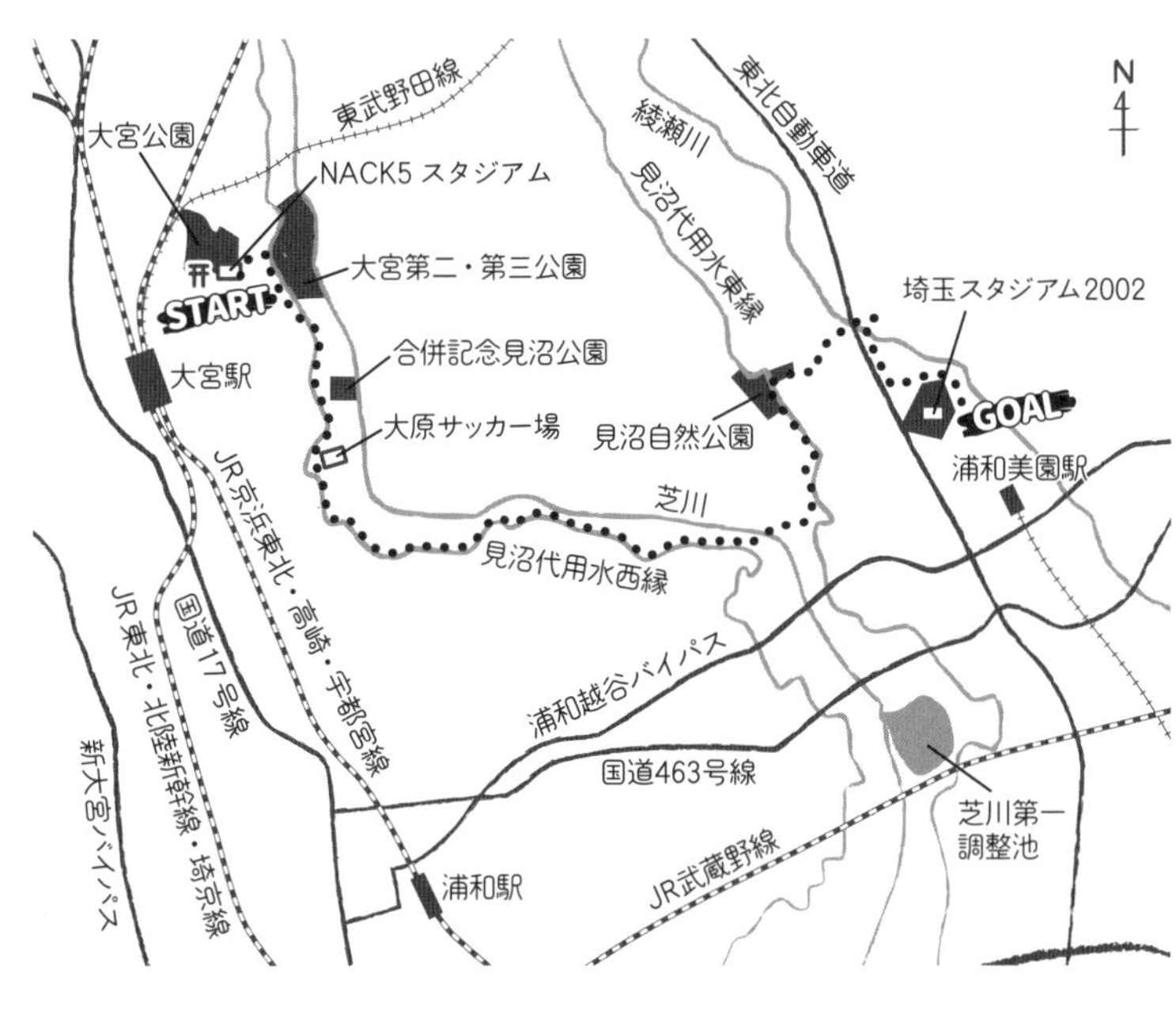

今回のこの旅の鍵となるのだ。

◉見えない沼を見ようとして

ご存じだろうか。現在のさいたま市には、かつて見沼と呼ばれる巨大な沼があったことを。埼玉県民には周知の事実かもしれないが、他県の方は初耳だったのではないだろうか。もちろん、東京出身の私も初めて聞いたときには衝撃を覚えた。

調べると、見沼は現在の見沼区を中心に、現在の東北本線、埼京線、東武野田線、東北自動車道で囲まれた範囲の大部分を占めていたようだ。確かに、元々沼があったこの付近には鉄道や大きな道路がぽっかりと空いているように見える。そしてこの地の景色が大きく変わるのは江戸時代のこと。干拓によって沼は田畑となって姿を消したのだ。

地図にないといいながら、実は現在でも沼の名残が残るものがある。それは「見沼代用水」と呼ばれる用水路だ。干拓した際の沼の外縁部の一部が用水路と残されているのだ。西縁と東縁が現存しており、この水路から沼の場所を推定できる。埼玉スタジアムへ向かうには少し遠回りにはなるが、今回の目的はあくまでも沼だ。せっかくなのでこの見沼代用水沿いの道をできるだけ走ることで、かつての風景に思いを馳せてみたい。

◉地図にないものが、そこにはある。

NACK5スタジアムが立地する大宮公園に到着する。試合のない日には初めて訪れたが、街中に立地しているからか家族連れの姿が多いようだ。これが本来の姿なのだろう。休日を楽しむ人が詰めかけ、公園の駐車場は満車となっていた。

東へと進んでいくと、大宮第二公園が見えてくる。その隣には大宮第三公園。三つ合わせると相当な広さだ。良い街には大抵良い公園がある。利便性も大切だが、日々の暮らしのなかには緑が必要なのだ。見沼代用水西縁は、第二公園に沿うように流れている。ただの細い水路に見えるが、これがかつての沼の場所を示す道標だ。もしいまでも沼があったらと想像してみると、スタジアムや神社は沼のほとりに位置していたのだろう。海ポチャや池ポチャならぬ、沼ポチャが発生したかもしれない。

そんな妄想をしながら、水路に沿って南へ南へと進路をとる。もちろんいまは沼はないので、しばらくは住宅街の中だ。

それほど広くない道を、ゆっくりと進んでいく。すると向かって左側が開けてきた。あまりにも不自然に、片側だけ住宅が減って広い広い畑が出現したのだ。見沼代用水を挟み、一方に住宅街、一方には畑。事前情報がなければ、どうして開発が進まないのだろうと首を傾げたことだろう。

しかし、いまの私には見える。ここは、かつて沼だったのだ。そして干拓されて以降は、数百年にわたり、いまのような田畑の景色が続いていたのだろう。自転車を止めて、しばしその風景を見つめてみる。地図にはなくても、そこには確かに痕跡があるのだ。目を閉じれば、眼前には水面が広がっている。

地図を確認すると、用水路からは少し外れた場所に別の公園を見つけた。その名も、「合併記念見沼公園」。合併記念なんて冠する施設、他の市にはあるのだろうか。少し調べてみると、全国では郡上市や奈良市にもあるようだ。もしかすると、平成の大合併で増えたのかもしれない。自転車を停めて散策すると、湿地帯が整備されているのが目についた。木道が張り巡らされ、尾瀬のように水辺を眺めることができる。沼の周囲は鬱蒼とした緑が生い茂っている。現在では住宅街の一角だが、その昔は、見渡す限りこんな景色だったのだろうか。

◉緑の街を抜けて

水路まで戻り、さらに南へと進んでいく。高い建造物がぐっと減ったからか、空が広く見える。畑、畑、たまに学校。土地があるからなのか、グラウンドも都心とは思えないような広さだ。高速道路の高架を越えると、浦和レッズの練習場、大原サッカー場が見えてきた。走り始めてまだ20分ほどだが、この辺りから浦和区に入るようだ。立地的には確かに浦和だ。とはいえ、数十メートル歩けば大宮区。目と鼻の先とはこのことだろう。これほど近隣の地域同志だからこそ、ダービーも他の地域とは比べ物にならないほどの盛り上がりになるのだろう。そう実感した。

用水路は進路を西へと変えて進んでいく。川の流れに沿いながらペダルを漕ぐ。そこから見える風景は、都心であることを疑いたくなるほどのどかだ。一方、見渡せば遠くにさいたま新都心の高層ビルの姿が見える。そのコントラストに頭が混乱してきた。しかし、言い換えれば、こんな都市開発が進んだ首都圏のなかで、これほどの光景が現存しているのは奇跡的なことである。後で調べてみると、この一帯は開発規制が行われており、そのおかげで現在でものどかな雰囲気が広がっているのだそうだ。

見沼大橋で西縁と別れを告げ、今度は東縁に沿って走るべく進路を変える。左右を畑に挟まれた並木道は、どの季節に走っても気持ちが良いだろう。こういう道はツーリングにはもってこいで、スピードを出すのがもったいなく感じる。埼玉スタジアムへ遠征に行く際には、埼玉高速鉄道以外のルートで向かってみるか、少し早めに浦和美園駅まで来て、散策してみることをお勧めする。

「見沼自然公園」まで到着すると、ここで見沼とはお別れとなる。このあたりには、かつてはサギ類およびその繁殖地として国の特別天然記念物の指定を受けていたそうだ。東北自動車道を跨線橋で越えると、埼玉スタジアムが見えてくる。先ほどまでの緑の風景とはがらりと変わり、巨大なショッピングモールが立ち並ぶ光景となった。広く整備された道と、まだ新しい家々。昔ながらの街が広がる大宮ともまた違う、新興住宅地といった雰囲気だ。

埼玉スタジアムに到着したが、普段とは景色が違う。どうやら北門に辿りついたようだ。普段は東門から入場するため、両翼を開いたような屋根の形が印象的だった。北門は東門の真裏ではないからか、片側の屋根がより大きく見える。

大宮公園とは異なり、試合のない日の埼玉スタジアムは閑散としていて、これはこれで新鮮だ。広々とした場所を生かして、若者がバスケットボールやスケートボードの練習に精を出している。ここまでくれば、浦和美園駅は目と鼻の先だ。

大宮から移動距離はわずか10㎞ほど。その気になれば歩けるくらいの小さな小さな旅だ。しかし、そのなかに多彩な光景が見えてくる。横断したからこそ見えてくる、この街の魅力。最寄駅からスタジアムまで、直接向かうだけではわからない。走り回ってみるからこそ、見えてくるのものだろう。

◉大宮から浦和へ、そして埼玉全土へ！

大宮から浦和へ。この記事と同調するように、この本の主題は浦和、そして埼玉県編へと移行していく。しかし、お隣浦和はまだしも、いきなり県全体の話に入るのは少々助走が足りないだろう。そこで、浦和編へ進む前にここで埼玉県のサッカー事情を少し話しておきたい。

まずは県庁所在地、さいたま市だ。内陸県では日本唯一の政令指定都市であり、100万人を超える人口を有している。サッカーに関しては言わずもがな、浦和レッズと大宮アルディージャというJリーグの2チームを擁している。それだけに留まらず、アマチュアカテゴリも盛んだ。１９８０年代には旧ＪＳＬへの在籍経験をもつ古豪さいたまサッカークラブをはじめ、旧与野市を中心に活動してる与野蹴魂会がある。高校では浦和東高校、浦和学院といった名門校がひしめき合い、どのカテゴリにおいても県内のサッカーを牽引している存在だ。

県南部、県下2位の人口約60万人を誇る川口市には、アヴェントゥーラ川口がある。鋳造の街として栄え、現在では東京のベッドタウンとして政令指定都市以外では日本最大級の人口だ。西川口は以前は色街の印象も強かったが、近年ではチャイナタウンとしても知られるようになった。隣り合う蕨市を含めてクルド人が多数住むなど独特の文化を形成しつつある街だが、ここにきてスポーツという新たな風が吹いてきた。高校選手権の出場回数では県内最多の武南高校も、この地域の学校だ。

県西部には、川越市、所沢市といった30万人規模の街があるが、埼玉西武ライオンズを所有する西武鉄道の沿線だけあってサッカーよりも野球が幅を利かせている雰囲気だ。しかし、サッカー熱だって負けてはいない。関東リーグ昇格経験もあるＡＣアルマレッザ入間や大成シティＦＣ坂戸が存在しているし、まだ市リーグレベルではあるが、COEDO KAWAGOE F.Cなる

Jリーグを目指す新興勢力も登場している。これからが楽しみなクラブの一つだ。

県北部最大となる20万人都市の熊谷市は日本で最も暑い街としても有名だ。ここにはユース世代の強豪、クマガヤサッカースポーツクラブがある。ネギで有名なお隣の深谷市には、オナイウ阿道選手らを輩出した正智深谷高校がある。

最後に県東部。ここには30万人都市の越谷市、20万人超の春日部市があるが、サッカーの印象はやや薄く、空白地域の様相だ。この地域からJリーグを目指す声が聞こえると、また埼玉のサッカー勢力図も変化がみられるのかもしれない。

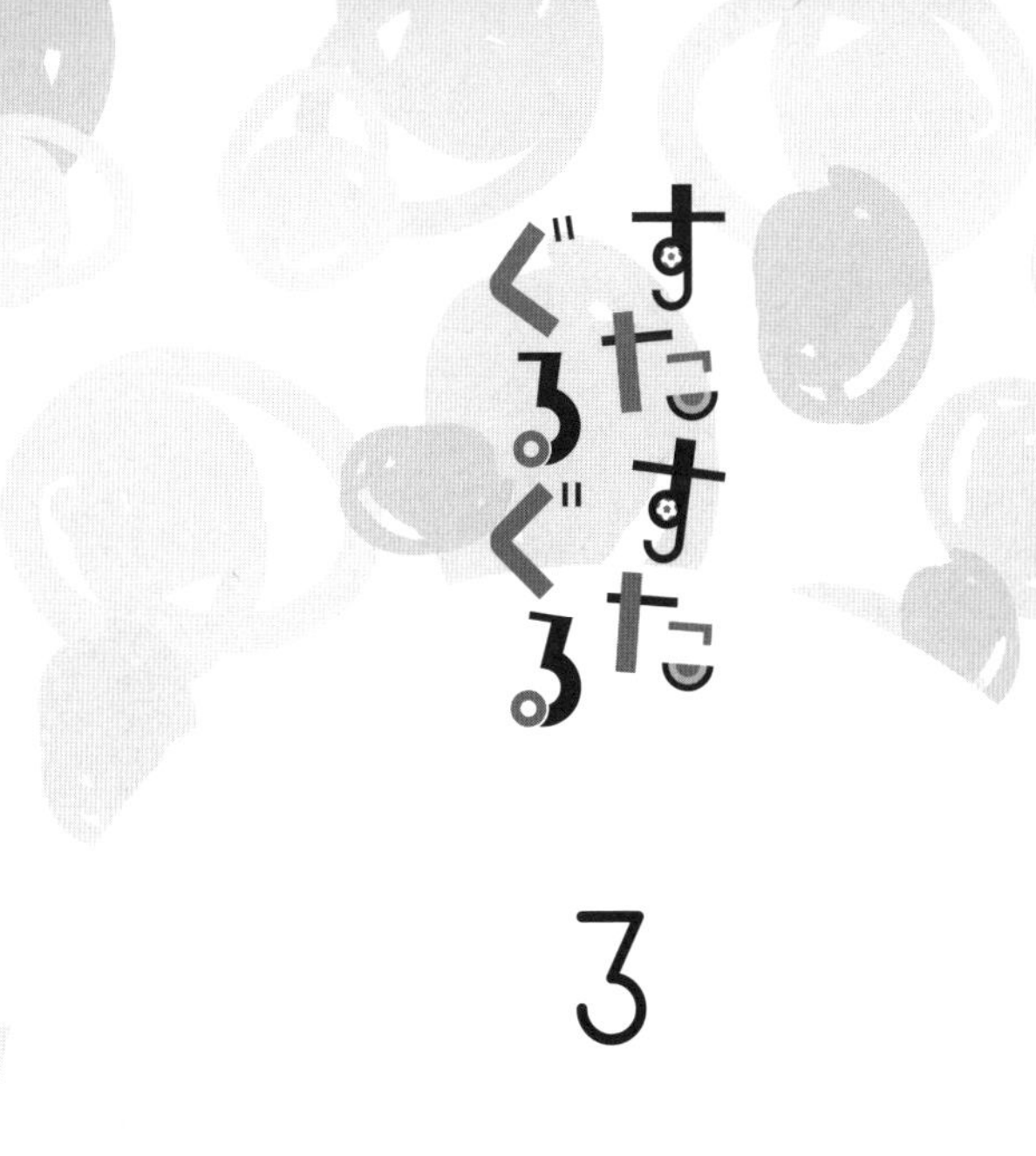

3

浦和

静かなる浦和と三菱重工浦和レッズレディース

中村慎太郎

次の目的地は浦和である。大宮を訪れたときは京浜東北線を使った。しかし、どうして上野東京ラインを使わないのだと方々から指摘されたため、今回は上野東京ラインを選んだ。とはいっても、そんな路線は初耳であった。上野と東京はほとんど隣のようなものなので、路線の名前からではどこからどこまで行くのかさっぱりわからない。浦和に着くのは間違いなさそうなので、ともかく乗ってみよう。

電車に乗り込んでパソコンを開く。移動中の車内は最も気持ちがいいワークタイムなのである。リズミカルな電車の音をガタンゴトンと聞きながら、集中して画面を見つめる。そして、ふと顔を上げると大宮であった。

「大宮……」

大宮のほうが浦和よりも北に位置していることが最近わかってきた。つまり、乗り越してしまったということだ。東京から浦和までは40分くらいはかかると思っていたのだが、上野東京ラインを使うと25分程度で着くらしい。いくらなんでも速すぎる。みんなにお勧めされるわけだ。とはいっても大宮と浦和はすぐ近くのはずだ。ホームの反対側に止まった電車に乗り込む。しかし、乗ってから「籠原行き」の電車であることに気付いた。籠原とはどこだ……。聞いたことがない土地である。慌てて車内の路線図を見ると、さらに北上していることがわかった。浦和からは遠ざかっていく一方だ。電車が止まった宮原駅で乗り換え、高崎線で大宮駅へ移動する。

調べると、上野東京ラインは常磐線、宇都宮線、高崎線、東海道線などと接続するらしいのだが、そんな壮大なことを言われても困る。説明書きも漢字だらけで読んでいると卒倒しそうになる。上野東京ラインについて考えるのはもうやめよう。大宮から京浜東北線に乗り込んで浦和へと向かう。余裕をもって家を出たはずなのだが、到着は11時半になってしまった。うーむ、浦和名物の鰻は諦めるしかないか……。

キックオフには十分な余裕はあったのだが、本格的な鰻の蒲焼きは注文から提供されるまである程度時間がかかるものだと聞いている。なので、開店前には鰻屋さんに並ぶ必要がある。

そう考えていたのだが、謎の籠原トラップに引っかかってしまったため、諦めてスタジアムを目指すことにした。すでに口の中は鰻であったが、涙を呑んで鰻を振り切る。

◉静かなる浦和と優しいつけめん

浦和駅で電車を降りる。整然とした綺麗な駅で「サッカーの街浦和 URAWA REDS」というポスターが歓迎してくれた。浦和レッズの試合は何度も観たことがあるが、浦和の街に降りるのは初めてである。浦和レッズの試合を観るのは、いつも埼玉スタジアム2002なのであるが、このスタジアムがあるのは浦和美園駅である。浦和の名前がついているものの、浦和駅を中心としたいわゆる浦和の街からはかなり外れたところにある。

今回の企画ではまだ見ぬ浦和の街を散策してみたかったこともあり、いつもの埼玉スタジアムではなく、浦和駅から徒歩で行ける駒場スタジアムで開催されている試合を探してみた。しかし、もともとの座席数が少ないうえに、コロナ禍による座席数制限もあり、チケットを取るのは不可能であった。そんなとき、今年から女子サッカーもプロ化することを思い出した。調べてみると、WEリーグのプレシーズンマッチとして、三菱重工浦和レッズレディースとサンフレッチェ広島レジーナの試合が行われることがわかった。よし、WEリーグを観に行こう!!

浦和駅東口を出ると目の前にパルコが見える。近づいてみると特大のパネルに浦和レッズの選手たちが整列していて「浦和パルコは浦和レッズを応援しています」と書かれていた。さすがホームタウン!!　とは思ったものの、そのパネル以外はサッカー関係のものが見当たらなかった。注意深く探すと浦和レッズのポスターや赤色が差し色として入っているのが見つかるのだが、想像していたよりもはるかに少なかった。もっとも試合後に訪れる西口はもう少しサッカーの色合いが濃かったのだが、東口に出たときは少し拍子抜けしてしまった。

パルコの中を少し散策したあと、おしゃれなテナントを抜けたところにある高仲口という出口を出る。信号を渡り、駒場スタジアムへと向かう。何の変哲もない住宅地なのだが、なんだか様子がおかしい。それは奇妙な経験だった。川端康成の『雪国』のように、パルコを抜けると、別世界になってしまった。最初は違和感の正体に気付かなかったのだが、すぐにわかった。

この街には音がない。

まるで防音室の中にいるかのようだ。浦和の住宅街は、ジャジャーンとオーケストラの演奏が始まりそうなほどの静けさに包まれていた。自転車や通行人がいると少しだけ音がする。たまに家の中からテレビの音が聞こえてくる。学校の近くを通ったときはバスケットボールの音が聞こえてきた。しかし、それ以外は無音である。信じられないほど静かな街だ。換気扇とか室外機の音もしないし、虫すら飛んでいない。風も吹いていなかった。

大通りに出ればさすがにもう少し騒がしくなるだろうと思ったのだが、相変わらず静かなままであった。住宅街の路地とは違って車はそれなりに走っているのだが、それでも静かなままである。そういえばこの辺りはトラックが走っていない。商店や町工場がないから商業者も少ないのかもしれない。乗用車にもアイドリングストップがついているため、信号が赤になると嘘のように静寂な空間になる。ぼくが生まれ育った葛西・西葛西は、町工場が多く、幹線道路も通っているため、常に何らかの音がしている。アパート、マンションなどの集合住宅も多い。そういう環境に慣れているせいか、浦和の静けさが新鮮に感じられた。

音がないのはとても快適なのだが、1つ困ったことがあった。浦和駅から駒場スタジアムまでは約2㎞、20分ちょっと歩けば着くのだが、その間に1つもコンビニがなかったのだ。現金の持ち合わせが少なくATMを利用したかったのだが、まさか2㎞もないとは――。調べると、スタジアムを500mくらい通り過ぎたところにはあるようだ。駒場スタジアムを素通りしてコンビニへ行き、戻ってくると「麺屋だいすけ」というお店が目に入った。

つけめんか……。思えば今日はプレシーズンマッチなのでスタジアムグルメは出ていないかもしれない。食べよう。店内に入ると、ところどころに浦和レッズ関係のポスターやチラシなどが見られ、なかには年季の入ったものもあった。特製つけめんをすると優しい味がしたのだが、どういう味つけだろうか。食べながら考えてみたのだが、もしかしたらスープに使っている水の味が隠し味になっているのかもしれない。水の味が違うと料理の味はまったく別物になる。

以前訪れた新潟県の大湯温泉というところで、普通の町中華に立ち寄ったら驚くような絶品ばかりが出てきて驚いたことがあった。結局3日間通い詰め、最後には店主にどうしてこんなにおいしいのかと聞いてみたのだが、普通に作っているだけとのことだった。後で気付いたのだが、大湯温泉は新潟県の南部の豪雪地帯にあるため雪解け水が豊富なのだろう。

だからといって浦和の水が特別においしいという話は聞いたことがない。でもこの味わいは、調味料じゃなくて水のような気がする。気になって後で調べてみると、この辺りの地下には良質な水が流れる「浦和水脈」というものがあって、そのなかでも一番良いものを「さいたまの水」として販売しているとのこと。まさか井戸水を汲み上げてつけ麺にしているということはないとは思うが、東京よりもずっと内陸なので水もまた違うのかもしれない。濃厚なつけ麺でありながら口の中はさわやかで良い気分である。

◉駒場スタジアムとカツカレー

お腹も満たされたので、ようやく駒場スタジアムである。スタジアムの前にはいくつか露店が出ていた。スタジアムドッグという軽食とお団子、そしてグッズショップであった。

入場ゲートを通過し、スタジアムへと入っていく。コンコースは、薄暗く無骨なコンクリートの洞窟になっていた。天井にはむき出しのパイプやケーブルが這っている。いかにもな昭和の建築物で、何だか懐かしい気持ちになった。ぼくの学んだ小学校もこんな雰囲気で、休み時間に暴れ回って戻るとき、薄暗い廊下にひんやりとした空気が漂っていた。

コンコースをくぐり抜けてメインスタンドに入る。薄暗い洞窟から出ると、世界は光溢れるスタジアムとなった。光がよく入るコンコースを備えたスタジアムでは、ここまで明瞭なコントラストにはならない。そういうスタジアムが悪いわけではないのだが、ぼくは洞窟から抜けていった後に味わえる開放感が好きなのだ。

駒場スタジアムはこじんまりとした陸上競技場であった。決して豪華なスタジアムとはいえないが、座席からはピッチがとても見やすい。くつろげて親しみの湧く陸上競技場だ。アジアを制した日本を代表する強豪クラブ、浦和レッズの歴史はこの小さな陸上競技場から始まった。そう考えると実に感慨深い。日本におけるサッカーの歴史も少しずつ積み上がっている。

おとなしく席に座って試合開始を待とうと思ったのだが、隣の席の人がカレーを食べているのに気付いた。見渡すとみんなカレーを食べている。あれ、おかしいな。外の売店には売っていなかったはずなのだが……。スタジアムでカレーを見ると食べたくなる。座席を離れ、再び洞窟に入ると、中にも売店があった。意外にも品揃えは豊富で、オム焼きそば、肉巻きおにぎり、ペッパーチキン串などが並んでいた。

サポーターが「豊」かになり、チームが上「昇」するようにという願いを込めた「豊昇弁当」という御利益のありそうな品目もあったが、もう心はカレーであった。一度食べたくなったカレーを引っ込めることはできない。宇宙の法則である。「REDS勝つ！カレー」は、素朴な普通のカツカレーでお値段は１０００円とちょっと高めであった。２０２１年新規加入の島田芽依選手のプロデュースということで、浦和レッズの真っ赤な練習着に身を包んだ島田選手が微笑みながらカレーを持っている写真が、売店のメニューの横に掲示されていた。

「REDS勝つ！カレー」とノンアルコールビールを購入して座席に戻り、ノンアルコールビールをゴクリと喉に流し込む。アルコールは入っていないが、ちゃんとおいしかった。アルコールの有無よりも、スタジアムの席に座って爽快感のある冷たい飲み物を飲むことが大切なのだ。

カツカレーは、小麦粉のトロトロ感があり、適度な酸味もあっておいしいカレーであった。

つけ麵の直後にカツカレーを食べたのは生まれてはじめてだ。少しすると、浦和の選手が入場してきた。スタンドから拍手が湧き起こり、駒場スタジアムに響いていく。メインスタンドの屋根に反響しているようだ。面白いもので、スタジアムによって音の反響の仕方が異なるため、サッカーの味わいも変わってくる。マクロスみたいな巨大なスタジアムでは音がよく反響して重厚さを感じる。一方で、駒場スタジアムのように開放的ながらスタジアムの呼吸が聞こえてくるところもある。ぼくはこういうところが好きなのだ。空が広く見えていて、観客の声や拍手が反響し、増幅され、優しく包み込んでくれるからだ。

◉浦和の街とレッドダイヤモンズ

浦和レッズレディースの選手たちが次々とピッチに出てくる。そこでハッとする。ユニフォームの赤が信じられないくらい鮮やかに見えるのである。この鮮烈さは想像以上であった。思えば、駒場スタジアムまでの道のりは、とても静かで、言いようによっては地味であった。パルコを通り抜けた後、初めて見つけた原色のようにも思う。街の鈍色と鮮やかな赤色、その明瞭なコントラストは、浦和レッズの生命力を表現していた。浦和駅から歩いて辿り着いた駒場スタジアムでは、浦和レッズが非常に好ましいものに見えてくる。これは新しい発見であった。

浦和レッズのサポーターはとにかく数が多いため、アウェイサポーターとして応援に来ると、まるで侵略者が来襲したかのように真っ赤なユニフォームが街を埋める。浦和の赤は、怖い赤であり、ヨソ者の赤に見えてしまうのだ。一方で、浦和レッズ発祥の地である、駒場スタジアムではまったく違う見え方である。草創期の浦和レッズはお世辞にも強いチームとは言えなかったのだが、浦和の街に熱狂をもって迎え入れられた。その理由がわかったような気がした。駒場スタジアムにおける浦和レッズの赤はとにもかくにも素晴らしい。

「浦和には何もない。あの街には浦和レッズしかない」と言われるのもわかる。しかし、余計なものがないからこそ、日本を代表する大きなクラブができたのかもしれない。

◉WEリーグを楽しもう!!

さて、話を女子サッカーへと戻そう。実をいうと女子サッカーを観るのは2回目で、文章にするのは初めてであった。男性の物書きとしては少し難易度の高い題材である。ただ、WEリーグが設立され、女子サッカーはプロとして「見られる」ことで稼いでいく道を歩むことになった。これまでのアマチュア・セミプロの状態とは大きく状況が変わる。

というわけで、少し不安もありながらの観戦であったのだが、それはすぐに吹き飛んだ。というのも、ウォームアップをする選手を見たからだ。そのキックフォームの美しさに息を呑んだ。選手のキックフォームが素晴らしいのだ。無駄な力が入らず、非常に効率的に力が伝わるのだろう。足の振りからは想像できないくらい勢いよくボールが飛んでいく。一般に、女子選手は男子選手に比べて筋力が弱い。したがって、力任せに蹴ってもボールが飛ばないのだろう。そのため、キックの動作を最適化して、正確にボールの芯にミートするように蹴るようになるのかもしれない。

とくにフォームが美しいと思ったのは、CBを務める長船加奈選手で、武道の達人のように無駄な力の抜けたフォームでボールを飛ばしていた。そのときぼくは昭和のスポ根漫画『名門！第三野球部』に登場した「天秤打法」を思い出した。そこでは、力を使えずタイミングさえ合わせれば打球は飛んでいくという理屈が語られていた。他にも、男子サッカーでは感じられない別の魅力があることがわかってくる。

選手の入場曲が流れはじめる。男子サッカーの場合は「戦いの曲」というイメージのものが流れることが多いのだが、この試合ではもう少しポップな曲が流れていた。『サクラ大戦』みたいだと感じたので、戦う女性というようなテーマがあったのかもしれない。このとき流れていた曲が何かまではわからなかったのだが、過去に使用されていた曲を調べてみると『仮面ライダーGIRLS』の「恋のライダーキック」という曲が使われていたようなので、当たらずとも遠からずであろうか。選手紹介の場内アナウンスもひと味ちがっていた。

「高橋はな選手のコメントを紹介します！『全力で戦います！』とのことです。頑張ってください!!」

一言一句正確に覚えているわけではないのだが、アナウンスで「頑張ってください！」というエールが出るのは新鮮である。なんだか優しくてほっとした気持ちになる。男子サッカーは、戦いをイメージしたプロモーションが多いのだが、女子サッカーはひと味違うようだ。あとで調べてみると、対戦相手のサンフレッチェ広島レジーナのスローガンは「共感」であった。とても素晴らしいスローガンだと思うが、男子サッカーだと類似したものは見たことがない。ちなみに男子のサンフレッチェ広島は「積攻　SEKIKO CONTINUE OUR BELIEF」であった。「積極性」と、より「攻撃的」なサッカーを目指していく姿勢を表しているのだそうだ。こういう勇ましい言葉のほうがスタンダードである。

選手紹介が進み、広島の木﨑あおい選手の名前がコールされたとき、観客席から大きな拍手が沸いた。なんだろうと思って調べてみると、木﨑選手は、浦和のユース出身で9年間在籍していたとのことであった。ふーむ、拍手か……。なるほど……。ここにも男子との違いを感じる。

というのも浦和レッズサポーターは、移籍した選手に対して愛情をもって追い続けることもあるのだが、対戦相手となったときは、愛を込めてブーイングをプレゼントするからだ。同じ浦和レッズでもレディースになるとブーイングではなく拍手になるようだ。浦和レッズのブーイングについて、マッチデープログラム（ＭＤＰ）の制作など担当したスポーツライター清尾淳氏が、以下のように書き記している。[*1]

「かつてのレッズの選手が、敵として対峙する。（中略）。ＦＣ東京、原監督。ヴィッセル神戸の岡野、アリソン。ベガルタ仙台の福永、阿部、石井。そういう試合がこれからホームで続く。向こうは古巣相手に一段と燃えているだろうから、こっちが感慨深く思っている暇はないのだけれど。（中略）。選手紹介の時間は完全に試合モード。個人としては敬意を払いながらも、試合の敵として、しかも要注意の選手としてブーイング。そう思っている」

◉三菱重工浦和レッズレディース対サンフレッチェ広島レジーナ

さて、試合がはじまる。この試合、ぼくが気になったのは浦和レッズレディースの高橋はな選手であった。１６９㎝、やや長身のＦＷで、ボールをもらうときのポジショニングが良い。ディフェンスのチェックが厳しくても、ワンタッチでパスを繋ぎ攻撃を展開させていく。動き出す

＊１　ＭＤＰはみ出し話　#251「敬意を持ってブーイング
https://www.saishin.co.jp/column/seio/251.shtml

前に、どこにボールを置けば展開できるかまで考えているようで、いわゆる「未来が見えている」選手なのだろう。

浦和レッズの前線は、日本代表でもＣＦを務める菅澤優衣香選手がフィニッシャーになっているようだ。何せ、昨季は16試合で17点も取っている。しかし、この試合は、菅澤選手までうまく繋ぐことができずにいた。後で、本書にも寄稿している浦和サポのほりけん氏に聞いたところ、前半は「2トップにして力で殴るプラン」を試していたということなので普段と勝手が違ったのかもしれない。

午後の駒場スタジアムに心地良い風が吹きはじめたころ、猶本光選手が躍動しはじめた。驚いた。これほどの選手がいたとは……。身長は１５８㎝。日本人女性の平均身長がこのくらいである。決して大きな選手ではない。しかし、猶本選手がボールを持つと、稲妻が走ったかのようにディフェンスが崩れていく。あまりの迫力に、猶本選手がボールをもつとついつい拳を握りしめてしまう。

菅澤、高橋、猶本の3選手がトライアングルを作って押し出していく。そこに左サイドから、突破力のある塩越柚歩選手が切り込んでくる。こうなると広島のディフェンス陣は、必死に耐えるしかない。浦和レッズレディース攻撃陣が攻め立てる時間が続くが、意外にも先制点はサンフレッチェ広島レジーナであった。ポーンっとディフェンスラインの裏へと蹴り込んだ大雑把なパスを、上野真実選手がうまくディフェンスに身体を当てながら抜け出して、そのままゴールに流し込んだ。

浦和レッズレディースのほうが戦力は高いと思うのだが、だからといって確実に先制点を決められるわけではない。このあたりがサッカーという競技の面白さだ。

0対1で広島がリードしたままハーフタイムを迎え、後半がはじまる。ぼくの注目は変わらずフォワードの高橋選手であったのだが、彼女はボールをもつと攻めるべきゴールとは反対方向へと進み大きく蹴り出した。頭の中が疑問符でいっぱいになった。いや、ちょっと待て。何かがおかしい。そうだ、後半はコートチェンジしているからゴールが逆になるのだ。ちゃんと見ると選手の配置も変わっている。ということは……。高橋選手はフォワードではなく、後半はセンターバックとして出場しているのだ。そんなことってあるのか?!

調べてみるともともとフォワードの選手がディフェンスにコンバートされたとのことである。浦和レッズで活躍した田中マルクス闘莉王氏のように、どこに置いても頼もしい選手ということなのかもしれない。

後半は、佐々木繭選手、塩越選手が立て続けに得点を決めて浦和が逆転するも、70分に猶本選手が下がった後は前線の強度が少し落ちた。押し返す広島の立花葉選手がネットを揺らし2対2の同点となり、試合終了の笛が吹かれた。

試合後、広島の選手がスタンドに礼をすると、大きな拍手が湧き上がってきた。学生スポーツのように爽やかな後味が感じられる。選手たちは、仲の良い同士なのか、おしゃべりしながらゆっくりと歩いて帰っていく。そして、スタンドに友人や家族を見つけると、ニコニコしながら手を振っている。以前、ジェフ千葉レディースの試合を観たときにも思ったのだが、この部活後の放課後のような雰囲気は男子スポーツの後にはあまり感じたことがない。

試合後はほりけん氏と落ち合い、レッズハートフルフィールドの隣に座り込んだ。ほりけん氏は浦和在住で、浦和レッズの試合はもとより、レディースの試合もほとんど見ているのだそうだ。挨拶をすると烈火の如くレディースの戦術について解説してくれたのだが、正確に伝達できる自信がないので割愛する。

面白かったのは、ぼくが女子サッカーをテクニカルなものと見ていたのに対して、いつも女子サッカーをみているほりけん氏は、フィジカルの強さがかなり有効なリーグだとみなしていたことであった。この試合は、力押しでは決まらなかったのだが、別の試合を観戦するとまた感想も変わってくるかもしれない。ちなみに、ほりけん氏によると「REDS勝つ！カレー」をプロデュースした島田選手は、菅澤選手の後継者になることを期待されているのだそうだ。カレーの紡ぐ縁である。覚えておこう。

◉浦和の街とCOEDOビール

帰り道は北浦和駅まで歩いてみることにしたのだが、相変わらずの閑静な住宅街であることと、駅前に寂しげにレディアの銅像が立っていたことくらいしか特筆するべきことはなかった。北浦和駅は、地方の観光地のような構造をしていて、駅前のタクシー乗り場とバス停をぐるりと囲むように飲食店が並んでいた。

電車に乗って1駅、浦和駅へ。車内でずっと外を見ていたのだが、家以外にめぼしいものは何もなかった。駅に到着し、西口のほうへ出ようと思うと、URAWA SOCCER STREETというういう電飾に彩られた真っ赤な通路があった。それほど長い通路ではないのだが、浦和レッズのオフィシャルショップもあり、どこから現れたのか浦和レッズのユニフォームを身につけた人で賑わっていた。街中ではほとんど浦和レッズユニフォームは見かけないのに、ここだけ密度が濃い。ちょっと不思議に感じた。なかなか浦和レッズユニフォームに会えず、やっと赤いユニフォームを見つけたと思ったら「Arsenal」と書いてあってずっこけたくらいである。

そのまま近場を散策する。

西口は、東口と比較するとサッカー成分が濃い。サッカーの街浦和というPRも見かけるし、浦和うなこちゃんというマスコットの石像もみつけられた。どこかで見たことある顔だなと思ったら『アンパンマン』の作者であるやなせたかし氏のデザインなのだそうだ。そう言われるとありがたいものに思えてくる。

浦和の駅前は、伊勢丹、パルコ、イトーヨーカドーなどの大型商業施設があり、駅まで徒歩1〜2分の所に高級マンションが建てられていて、その隙間を小さな飲食店が埋めている。何もないとは言わないけど、とくに心躍るものもない。友人と小さな飲み会を開くのには苦労しないけど、一日遊ぶには物足りない。そのくらいの規模の街である。

しばらく散策したが、飲み屋さんが空いているわけでもないし、酒蔵力にレッズサポーターが詰めかけているわけでもない。仕方がないのでコンビニでビールを買ってホテルに向かうことにした。ただ、このコンビニがびっくりする品揃えであった。各種クラフトビールに、ワイン、シャンパンがずらりと揃い、燻製肉やチーズ、オリーブなどの品のいい肴も揃っている。麻布十番のコンビニのような品揃えであった。

せっかくなので良いビールを買おう。埼玉で作っているビールがあるといいのだが。そのとき目に入ったのはCOEDOビールであった。そういえば、川越にもサッカークラブができていたのを思い出した。その名もCOEDO KAWAGOEで、COEDOビールがメインスポンサーなのである。浦和で見つけたのも何かの縁である。

浦和駅に隣接した「JR東日本ホテルメッツ浦和ホテル」へとチェックインする。このホテルの部屋が非常に素晴らしくて、テレワークにもってこいの広い机が備えられていた。その机にCOEDOビールを並べて片っ端から味わっていく。COEDOビールには6種類の味わいがある。いや、味わいというよりも発酵方法からして異なる個性豊かなビールが味わえる。

まずは「伽羅」。一口飲むと「ええっ⁉」と驚くほど、鮮烈な香りが飛び込んでくる。飲むというよりもアロマ香を浴びるというほうがしっくりくる。豊かな香りが引いていった後に、ホップの苦みがぎゅっと引き締めてくれる。最後に粒のような苦みが舌に残って気持ちがいい。オーケストラのように表現力の豊かなビールである。

続いて「鞠花」。こっちは苦みが売りのIPA(インディアンペールエール)である。一口目のアロマ香はなく、軽い飲み口なのだが、次第にズシンと深い苦みが現れ、体の奥に沈んでいく。チビチビと飲みながら、苦みに浸る。

最後に「白」。無濾過のビール、白ビール。軽くて鋭い飲み口。口の中で爽やかな香りが集まってくる。苦みはほとんどなくて飲みやすい。ただ、組み立てとしては間違っていて、最初に飲むべきであった。ビジネスホテルの冷蔵庫はそれほど冷えないので、ちょっとぬるめになってしまったのだが、キリッと冷やして薄口のグラスで飲むと一番おいしそうな気がする。

浦和の夜はとても静かだ。外からは何の音もしないし、外に出て行ったところで何も面白いことは起こらない。部屋で一人の時間を堪能できる。気付くと眠りに落ちていた。

◉浦和の鰻の塩加減

翌朝最初にしたことは、ホテルの延泊の手続きであった。とくに面白いことがあったわけではないのだが、この静けさが無性に恋しく感じられ、1泊で帰途につくのは何だか寂しく思えたのである。

今日の予定はただ1つ。鰻である。初日に行き損なった鰻屋にだけはどうしても行きたい。昼前に一度ホテルを出て、浦和の街をさまよいはじめる。浦和駅周辺には、10店舗ほどの鰻屋があり、それぞれ特徴のある蒲焼きを出すらしい。全店巡りなどもいつかはしてみたいが、いまとなっては鰻は高級品である。1店舗だけに絞ろう。浦和レッズの選手も訪れるという噂のある「鰻むさし乃」に行ってみようと思っていたのだが、お店の前まで行くと休業であった。

ならばと思い、近くにあった「満寿屋」というお店に向かうと、非常に立派な店構えで、鰻屋というよりも料亭であった。少し怯むが、ランチもやっているということなので、勇気を出して入ってみることにした。

メニューにはジビエ料理なども並んでいて心惹かれたのだが、今回は鰻である。しかも、有名なブランド鰻である「坂東太郎」があるではないか!! 大学院で水産関係の研究をしていたので名前は知っていたが、目にするのは初めてであった。ただし、うな重のお値段は6000円である。なかなかとんでもない値段だが、こういう機会でもないと食べることはないだろう。挑戦してみよう。ぼくが坂東太郎を注文すると、昼の分はこれで売り切れとのことだった。何本用意しているのかはわからないが、この値段でもしっかり注文が入るらしい。

次々と料理が運ばれてくる。まずは肝吸いをいただいた。この肝吸いが本当にうまい。濃厚なうまみがあるのはもちろんとして、塩加減が絶妙だ。塩だけで大喜びしたのははじめてだ。塩分は多めであっさりとはしていないのだが、塩辛いとは一切感じない。塩辛いと感じるギリギリ一歩手前で見事に止まっているのだ。結果、飲んでも飲んでも飲み足りず、無限に飲みたくなる究極のスープに仕上がっていた。このお店は……、凄いぞ……。

香の物の塩味もすごくいい。例によってギリギリをついてきていて、塩は十分に効いてるのに、あっさりさわやかなのである。この塩加減は、芸術品である。この漬け物だけで延々と日本酒を飲んでいられることだろう。

そして!!　坂東太郎の蒲焼き!!　見た目からして実にうまそうだ。よし食べてみよう。まず第一に思うのは、タレのうまさよ!!　最初の一口では少し淡い上品な味わいかと思ったのだが、その後にガツンと醤油の味がついてくる。また憎いことに、タレの塩味もギリギリのところで止まるのだ。あっさりしているけどあっさりしていない。しょっぱいけどしょっぱくない。

蒲焼きを噛みしめると、優しい脂が口の中をさらりと流れていく。幸せな後味である。坂東太郎は皮がやわらかくて、皮下脂肪もとろけるように品がある。タレのおいしさも相まって、食べ出すと止まらなくなる。食べれば食べるほどうまい。ガリガリと自分で削るタイプの山椒も、風味が鮮やかで、個性の強い鰻にとても合う。幸せだ……。

◉浦和パルコの上階および地下を攻略する

満足、満足。されど、もう浦和には用事が残っていない。ただ散歩をするだけだ。しかし、その散歩が快適な街なのである。この街には不快なものが何もないからだ。もしも刺激がほしくなれば大宮まで10分弱、新宿にも30分かからない。東京のベッドタウンとして埼玉都民が住んでいるという嫌な言い方もあるのだが、東京の土地事情などを考えると、快適な埼玉県に居を構えて、東京をうまく利用するというのは非常に合理的なように思えた。

ましてやこの街には浦和レッズがある。この静かな街も、浦和レッズが優勝したときには祝福する赤い人たちで溢れるという話を聞いたことがある。浦和が日本一の街かどうかはわからないが、東京で働く浦和レッズサポーターにとってはこれ以上に快適な街は存在しないだろう。

晴天の下、散歩を続ける。しかし、繁華街の外れのほうに何軒かスナックを見つけた以外は、めぼしい発見がないので次第に飽きてきた。仕方がないのでパルコに入ると、上階が図書館になっていることに気付いた。行ってみよう。途中、ようやく人がすれ違える程度の通路になったのだが、床と両壁は真っ白で天井だけ黒く塗られていて、スターウォーズの世界に迷い込んだような気持ちになった。映画ならば突然、謎の黒服やらエイリアンやらが現れそうな通路であったが、無事に通過してさいたま市立中央図書館へと辿り着く。

図書館で郷土資料を漁り、どこか座る場所がないかと探していると、屋上庭園に出られることがわかった。この屋上庭園では、抜けるような青い空の下読書を楽しむこともできた。緑も多いが、上層階のためか虫もいない。横になるのはノーマナーかなとも思ったのだが、先客が2名ほど寝転んでいたので、郷には入れば郷に従うということで、ごろん。本を読んでいるうちに、少しうたた寝をしてしまった。

「浦和には何もない」。それは1つの事実なんだろうと思う。しかし、シンプルで落ち着いた魅力のある街なのも間違いない。喩えるなら受験生が集う自習室のような街である。とくにめぼしいものはないのだが、快適で、集中できて、自分のやりたいことを進めることができる場所なのだ。

図書館の帰り道、パルコの地下にあるスーパーマーケット「ヤオコー」に立ち寄る。ここの品揃えがとても充実していて、港区の高級スーパーのようにちょっとお高いおいしいものばかりが並んでいた。食欲を刺激され、少し買いすぎてしまった。厚切りベーコンと黒胡椒のポテトサラダ、かぼちゃの冷製スープ、ブラックアンガスローストビーフの切り落とし、馬刺しユッケ、春雨と豚肉の旨辛醤油炒め、プレミアム大粒チェリー、COEDOビール「瑠璃」に、スパークリング久保田。ホテルの部屋に持って帰って、一人で黙々と食べる。静かで穏やかな浦和の夜が更けていく。

REDS GO TO THE WORLD!

ほりけん

「サポーターとして一番の思い出と絡めて、スタグルを語ってください！」

この本を出すにあたって、僕に与えられたお題だ。OWL magazineに寄稿するようになって2年、浦和レッズのサポーターとして約20年が経ったが、スタグルを中心に思い出を振り返ったことはない。無理難題である。どうしたものかと途方に暮れたが、ひとまず因数分解することにした。複雑な問題に直面したら、要素に分けて考えてみるのは問題解決の王道だ。今回の場合、要素の繋がりは単線なので、前から順番に考えていけばよいだろう。

最初の要素は「サポーターとして」である。そういえば、僕はいつからサポーターなのだろう。「生まれたときから」と書きたいところだが、残念ながら１９８５年に浦和レッズはなかった。しかも、実は生まれは横浜市の戸塚だ。ただ、物心がつくころには浦和にいた。父の職場が浦和になったので家族で引っ越し、高校卒業までを浦和で過ごした。

◉浦和を歩けばボールに当たる

浦和のなかでも、常盤、別所、西堀と移り変わったが、一番長く住んだのは別所だ。小学校に上がる前から高校に入るまで、約10年を過ごした。最寄りはＪＲ埼京線の中浦和駅。住宅街にある、通勤・通学のための駅である。２０２1年9月3日深夜放送の「タモリ倶楽部」（テレビ朝日）で開催された「浦和には8つの駅がある！決定神7浦和総選挙」では、西浦和を破り、見事7位で神7入りを果たした。東浦和より下位だったことには異論があるけれども、とりたてて目立つところがないことも認めざるを得ない。それでも駅前には浦和らしく鰻屋がある。創業明治19（１８８６）年の老舗、萬店（まんだな）である。もっとも子どものころは、老舗という言葉も、浦和は鰻が有名であることも知らなかった。僕にとっては、同級生の実家だ。

萬店と僕が住んでいた家の間には別所沼公園がある。宇賀神友弥のブログにもたまに登場するので、知っている人もいるかもしれない。有名なわけではないけれど、広場もいくつかあるし、遊具もたくさんあるので、手頃に、しかし十分に遊べる。僕もよく、友だちとサッカーや野球をして遊んだ。グラウンドではなく広場があるだけなので、用具は各自が持参する。サッカーの場合はボールが一つあればよかったが、ゴールはないので、木と木の間をボールが通ったら1点というルールでやっていた。ゴールネットもないので、ボールが沼に落ちる危険と常に隣り合わせだった。

しかしながら、別所沼でサッカーをするにはそれなりの人数が必要で、頻繁にはできなかった。手軽だったのは住んでいた家の前の道だ。1ブロック100mほどの間に、僕を含めて、同じ年ごろの男子が5人いた。道幅は、車1台がやっと通れるほどだったが、僕らにとってはちょうどよかった。誰かが道に出てボールを蹴り始めたら、音を聞きつけて集まり、1対1や2対2に興じた。ゴールは電信柱と街灯だった。どちらも、ちょうど腰くらいの高さに線があり、それよりも下に当てたら1点というルールだった。ただし、ゴールの大きさは幾分か違った。街灯より電信柱のほうが太く、当てやすかった。どちらを攻めるかは、ジャンケンで決めるときもあったし、年長者が譲ることもあった。1対2になることもしばしばで、その場合は「1」のほうに選択の権利があった。

当時は浦和の街のそこかしこでサッカーボールが蹴られていたように思う。僕自身、運動神経は人並みだし、少年団などにも入っていなかったけれど、サッカーにはそれなりに触れながら少年時代を過ごした。「犬も歩けば棒に当たる」ではないが「浦和を歩けばボールに当たる」と言っても過言ではない。

Jリーグが開幕したのは小学2年生のときだ。子どもなので、プロ化とかJリーグの理念とかはよくわからなかったけれど、浦和レッズができて盛り上がっていた。学校では野球よりサッカーの話のほうが多かった。隠れて持ってきたグッズを自慢していた友だちが先生に見つかって怒られたり、親の買い物について行ってJリーグチップスをねだったりするのが日常の光景だった。僕もいくつかグッズを持っていたが、唯一、学校に持って行くのが許されていたのが下敷きだった。浦和レッズや日本代表の下敷きを使っていた男子は多かった。

ただ、このころに駒場スタジアムに試合を観に行ったことはない。たぶん、チケットが取れなかったのだと思う。祖父が古河電工に勤めていた縁もあり、ジェフユナイテッド市原のチケットはたまに手に入った。だから、国立競技場で開催されるジェフのホームゲームには何度か行った気がする。だからといって、ジェフを応援するようにはならなかったが、かといって浦和レッズのサポーターでもなかった。地元だし、どこのクラブが好きかと聞かれれば「浦和レッズ」と答えるけれども、その程度だった。

はっきりと浦和レッズを応援するようになったのは、J1復帰後、日韓ワールドカップの前くらいからだ。初タイトルにあと一歩のところで鹿島アントラーズに敗れた、2002年のナビスコカップ決勝の悔しさは覚えているので、少なくともこのころには「サポーター」の自覚があった。また埼玉スタジアム2002ができたこともあり、父がチケットを買ってくれて、両親と妹と、家族4人で観に行くようになった。最初に行った試合かどうかはわからないが、覚えているのは2003年8月16日のジュビロ磐田戦だ。高校3年生で大学受験を控えていたので、大宮で模試を受けてから埼スタに直行したのだが、雨のなか、前年優勝のジュビロを相手に、エメルソンと田中達也の快足2トップの活躍で、3対1と快勝した。

またあるとき、自宅のテレビで試合を観ていたら、郵便物が届いた。「タイミング悪いな、後にしてくれよ」と思いながら受け取りに出たのだが、配達員のお兄さんから「レッズ、勝ってますか?」と聞かれた。どうやらテレビの音が玄関まで聞こえていたらしい。「どうしてもシフトが外せなくて。でも気になっちゃって」。タイミングが悪いのは彼も一緒だった。心の中とはいえ、浦和レッズを愛する仲間に悪態をついたことを恥じつつ、「いま2対0で勝ってます! お仕事、頑張ってください」と伝えた。

浦和レッズとの「思い出」が積み重なり始めていた。

◉観戦パラダイム・シフト

お題の2つ目の要素が「サポーターとして一番の思い出」である。これは難しい。浦和レッズがJリーグ初優勝を決めた、2006年12月2日のガンバ大阪戦。初めてアジアの頂点に登り詰めた2007年11月14日のセパハン戦。10年ぶりにアジア王者に返り咲いた2017年11月25日のアル・ヒラル戦。浦和レッズのユニフォームに星を加えた試合に限ってもこれだけある。どれも一生忘れることのない思い出だ。他にも思い出深い試合はいくつもあるので、ここからさらに突き詰めようとすると、時間がいくらあっても足りない。ひとまず話を進めよう。

3つ目の要素は「スタグル」である。これはもっと難しいと思ったが、幸い、記憶に残る一杯があった。2017年のAFCチャンピオンズリーグ（ACL）決勝第2戦。アル・ヒラルとの試合を終えた後、僕は駅へと急がずに埼スタの南広場に立ち寄り、この日一杯目となるビールを買い求めた。つまみは、「銀だこ」のたこ焼きと、「日本一」の焼き鳥だったと思う。ベンチに座り、一緒に観に行っていた友人と杯を合わせる。「お疲れ！」。10年ぶり二度目の戴冠。アジア制覇。Asian KING。歓喜に彩られたビールが、激闘を終えた喉に心地良かった。勝利の余韻に浸りながら、ビールを片手に、ああだこうだと語る。これ以上の至福はない。

ここでふと気づいた。2006年のJリーグ優勝や2007年のACL優勝のとき、僕はビールを飲んでいなかった。法律上の問題はなかったし、お酒は好きだった。だがしかし、スタジアムで飲む習慣がなかった。酔っぱらっていたら、選手たちと一緒に戦うことはできない。そんな感覚だった。いまでもその感覚はもっているが、ビールを飲むこともしばしばだ。青空と緑の芝のコントラストが鮮やかな開放的な空間で、微発泡の小麦色の液体ののどごしを愉しむ。正直、スタジアムで飲むビールほどうまいものはないと思っている。

「酔っぱらっては戦えない」

「スタジアムで飲むビールは最高」

このパラダイム・シフトは、一体いつ起きたのか。

思い当たる節があった。それは2013年10月20日のことだ。

僕は浦和を離れ、ヨーロッパに駐在していた。場所はオーストリアの首都、ウィーン。中世の街並みを残し、音楽の都として知られる街である。この年の初夏に赴任し、初めて過ごすヨーロッパの夏を満喫していたが、秋が訪れ、肌寒くなるころ、ふと、この国にもFußball（フットボールの意味のドイツ語）があることに気がついた。オーストリアの国内リーグは、ブンデスリーガと呼ばれる。ブンデスリーガと聞くと、ドイツを思い浮かべる人が多いと思うが、ブンデスとはドイツ語で「連邦」の意味であり、ブンデスリーガは全国リーグのことを指す。

ウィーンには、オーストリア・ブンデスリーガ1部のクラブが2つあった。SKラピード・ウィーンとFKオーストリア・ウィーンである。どちらを観に行こうか決めあぐねたが、かのイビチャ・オシムの言葉が決め手になった。オシムは、1994~2002年まで、同じオーストリア1部のSKシュトゥルム・グラーツの監督を務めていた。そして、ラピード・ウィーンの本拠地ゲルハルト・ハナッピ・シュタディオンを「サッカーの大聖堂」と称えたそうだ。「本場ヨーロッパのサッカー」を感じられそうである。ラピード・ウィーンの試合を観に行くことにした。試合日程を調べると、10月20日にシュトゥルム・グラーツとの試合があった。2012〜2017年途中まで浦和レッズを率いたミシャ（ミハイロ・ペトロヴィッチ）も、オシムが指揮していたシュトゥルム・グラーツでアシスタント・コーチを務めていた。なんだか縁がある。初観戦はこの試合にしよう。

ゲルハルト・ハナッピ・シュタディオンは、ウィーンの西端、ヒュッテルドルフにある。駅を降りると、いかにもウィーンの郊外らしい、背丈の低い住宅街が広がっている。一見するとスタジアムなどなさそうに見えるが、500mほど歩いたら目的地に着いた。とんでもなく近い。スタジアムの前に立つと、こんなに近いのに駅から見えなかった理由がわかる。小ぶりなのだ。収容人数は1万8500人。サッカー専用スタジアムであり、スタンドからピッチまでの距離も近い。臨場感は抜群である（注：ゲルハルト・ハナッピ・シュタディオンは老朽化のため2015年に取り壊され、跡地にアリアンツ・シュタディオンが建てられた）。

オーストリアでは、日本と同じく、ゴール裏のサポーター（ウルトラス）が応援をリードする。「古き良き」スタイルで、ハーフタイムには発煙筒も焚かれた。観客は男性が大半で、女性や子どもの多いJリーグとは異なり、やや殺伐とした雰囲気だ。怒号も頻繁に飛び交う。もちろん、何を言っているかはわからないのだが、野太い声がしたほうを見ると、大抵顔が真っ赤なおじさんが立っているので、怒っていることはわかる。

ただ、顔が赤い理由は怒気だけではなかった。ビールを手にした人も多かった。

このときである。僕のなかで、スタジアムとビールが結びついたのは。

人生で初めて、「スタジアムでビールを飲むのもありなんだな」と知り、ハーフタイムにビールを買いに行った。泡がこぼれないように気をつけながら席に戻り、青い芝を望んで一人で乾杯した。ゴクり。本当に喉が鳴ったような気がした。初めて異国でサッカーを観た高揚感と相まって、気分は最高だった。

◉「スタグル」という名の舞台装置

ヨーロッパ駐在中は、さまざまな旅先でサッカーを観て、ビールを飲んだ。一番記憶に残っているのは、ベルリンのオリンピア・シュタディオンだ。最寄り駅からスタジアムまで多少歩くのだが、道端の露店でビールが売っていて、そこかしこに空の瓶が転がっていた。持参している人も含めて、試合前のほうがビールを飲んでいるように見えた。どうやら、酔っぱらってからスタジアムに入るらしい。フランクフルトのヴァルト・シュタディオンでは、スタジアムで売っているビールのアルコール度数が2％ほどに抑えられていることを知った。ロンドンのエミレーツ・スタジアムでは、ハーフタイムにビールを調達したものの、スタンドへの持ち込みが禁止されていた。急いで飲み干したが、おかげで後半の途中にトイレに行く羽目になったし、試合の記憶もあやふやだ。

しかし、ヨーロッパには、ビールはあったがスタグルはなかった。もちろん、ドイツやオーストリアのスタジアムで食べるソーセージは最高にうまいのだが、グルメというのははばかられる。僕が「スタグル」と出会ったのは帰国後のことだ。

２０１５年8月12日、ヨーロッパから帰国した直後の僕は、新潟にいた。この日はアルビレックス新潟とのアウェイゲームがあり、遠征に来ていた。よくよく考えると、首都圏以外のアウェイ遠征はこのときが初めてだった気がする。ヨーロッパで学んだのは、スタジアムでビールを飲むことだけではなかった。「サッカー旅」も大きな学びだった。

ちょうど新潟に転勤した友人がいたので、彼に案内してもらった。その友人はサッカー好きでもなんでもなかったのだが、転勤先で部下の会話に耳を傾けていたら、月曜日や木曜日にサッカーらしき話で盛り上がっているのに気がついたらしい。部下との話題作りも兼ねて、アルビレックス新潟の試合を観に行ってみたところ、はまったようだ。新潟駅で友人と待ち合わせ、ビッグスワン行きのバスに乗った。着いて、驚いた。スタジアムという巨大人工物とはおよそ不釣り合いな、「浜焼き」という言葉が書かれた幟の下で、日本海の幸が焼かれていた。「スタジアムグルメ」という概念を初めて体感した瞬間である。

「浜焼き」には、その後、埼スタでもありついたことがある。埼玉には海がないのになぜ、と思うかもしれない。もちろん、地物ではない。浦和レッズは長年にわたって「ハートフルクラブ」というサッカー交流事業を展開しており、東日本大震災後は、被災地の子どもたちのこころのケアを目的とした「ハートフルサッカーin東北」を行ってきた。そのなかでも岩手県の大槌町と山田町とは継続的に交流しており、その一環で、三陸の海の幸が埼スタで振舞われたのだ。これはとても良かった。できれば毎年の恒例行事にしてほしいと思う。

他にも「今日はスタグルがあるな」と意識した試合がある。それはACLのホームゲームである。アジアのチームを埼スタで迎え撃つときは、対戦相手の国にちなんだグルメが供されることがしばしばだ。たとえば、FCソウルや蔚山現代であればチヂミにプルコギ、シドニーFCやブリスベン・ロアーであればオージービーフにオーストラリアワイン、といった具合だ。

もう一つ楽しみなのが「遠征メニュー」である。浦和レッズのACLのアウェイ遠征には、「サムライブルーの料理人」として知られるシェフの西芳照さんが帯同することが多い。そして、遠征先で選手たちが食べるメニューを、ホームゲームではファン・サポーター向けに出してくれる。非常に人気ですぐに売り切れてしまうためなかなかありつけないのだが、ツナペペやマミーすいとんなど、どれもとてもおいしい。

浦和レッズにとって、やはりACLは特別だ。初めて出場した2007年から、クラブも、選手も、ファン・サポーターも、アジアへの思いは並外れて強い。天皇杯をACL日本予選と捉えているのは、おそらく浦和だけだろう。いざ大会が始まっても、決勝を除いて平日開催なので、グループステージだと入場者数は2万人台だ。しかし、この2万人の熱量が凄まじい。スタジアムに鳴り響く声量は、週末のリーグ戦の5万人を、平日のACLの2万人が凌駕することすらある。対戦相手を意識したスタグルも、西さんの遠征メニューも、この舞台の特別感をより一層際立たせる。

◉初めて辿り着いたアジアのファイナル

僕の「サポーターとして一番の思い出」も、アジアでの戦いのなかにある。最後に、これを語りたい。

2007年10月24日、水曜日。大学4年生だった僕は、午前の講義を終えると、足早にキャンパスを後にした。普段であれば、友人たちと昼食をとり、午後も講義のはずだったが、この日は自主的に休講することにした。どうしても行かなければならない場所があった。

この年、浦和レッズは、クラブ史上初めて、アジアでの戦いに挑戦していた。ACLの出場権は、2006年1月1日に行われた第85回天皇杯の決勝に勝利したことで獲得した。現在とはレギュレーションが異なり、天皇杯優勝クラブには、ACL参戦まで1年間の準備期間があった。そこでクラブは、スタッフを現地に派遣するなど、周到に準備を重ねた。さらに、2006年シーズンは、初めてJリーグを制し、日本のチャンピオンとして、ACLに臨むことになった。

僕も2007年はACL仕様だった。スタジアムに行ける回数は限られたが、ACLを優先し、ホームゲームはすべてに参戦した。席はゴール裏の自由席。このころは「戦う」ためだけにスタジアムに行っていたので、ゴール裏が定位置だった。学生だったので懐にも優しかった。その代わり、良い席を取りたかったら、早めに行って並ぶ必要があった。サポーターグループには所属していなかったので、自分で確保しなければならない。この日は、いよいよACL準決勝だった。平日とはいえ、相当な数のファン・サポーターが参戦すると予想された。午後の講義に出ていたら、席はなくなってしまうだろう。

大学の最寄り駅から浦和美園までは電車で一本だった。小一時間揺られて駅に着くと、まずは駅前のコンビニエンスストアで買い出しだ。購入したのはおにぎり6個とお茶のペットボトル2本。おにぎりの具材が何だったかははっきりと思い出せないが、シーチキン、明太子、あと鶏五目は買った気がする。買い出しが終わると、幅の広い歩行者専用道を歩き始める。平日の昼間なので人気（ひとけ）はないが、夜になれば赤い服を着た人々でごった返すことになる。

15分ほど歩くと、埼玉スタジアム2002が見えてくる。つがいの白鷺が羽を広げた外観が目に入ると、自然と気分が高揚する。しかし、見えてからの道のりは思った以上にある。スタジアムに着いても、まだそこは南広場である。広場を横目に、待機列のある北門へと回る。無事待機列に並んだら、開門まではたっぷり時間がある。ひとまず、腹ごしらえにおにぎりを3つ頬張る。あとの3つはキックオフ前の栄養補給に残しておく。

準決勝の相手は、韓国の城南一和。前年のKリーグ王者、強敵だ。当時、アジアの競技レベルは、東アジアと西アジアで差があり、東アジアが優位だった。そして東アジアでは日本と韓国が抜けていた。そのため、城南一和との準決勝は、戦前から決勝トーナメント最大の山場と目されていた。決勝トーナメントはホームアンドアウェイ方式である。浦和レッズは、敵地韓国での第1戦を2対2で折り返していた。ドローとはいえ、2つのアウェイゴールを奪ったのは大きい。勝利はもちろんのこと、1対1の引き分けでも決勝進出が決まる。

開門は夕方だ。足早にスタンドへと向かうと、一人の身軽さを生かして、応援の中心地の左隣のブロック、やや上側に席を確保した。ここであれば、コールリーダーが見えるし、大旗の上からピッチも見える。キックオフまではまだ時間がある。ただし、ゴール裏の「キックオフ」は試合開始ではない。ウォーミングアップのために、選手たちがピッチに姿を現す前に立ち上がり、臨戦態勢をとる。だから、ゴール裏の「試合時間」は2時間を超える。

ウォーミングアップが終わり、浦和レッズのスタメンが発表される。システムは3-5-2。ゴールキーパーは都築龍太。3バックは右から坪井慶介、田中マルクス闘莉王、阿部勇樹。中盤はボランチに鈴木啓太と長谷部誠、右に山田暢久、左に平川忠亮、トップ下にポンテ。2トップは田中達也とワシントン。連戦のためコンディションに不安はあるが、ベストメンバーと言ってよい。

いよいよ試合開始が近づく。選手入場とともに、真っ赤なゴール裏に「We are REDS!」の白文字が浮かび上がる。浦和レッズの十八番、ビジュアルサポートである。今日は全員で戦う。

浦和レッズが浦和レッズたるゆえんを示す。

19時30分、キックオフ。

前半21分、幸先よく、浦和レッズが先制する。左サイドからの斜めのクロスを、エースのワシントンが右サイドのペナルティエリアの角で待ち受ける。そして、左腿でトラップしながら体の向きをゴール方向に変える。それと同時に前に持ち出し、対峙していたディフェンダーを一気に置き去りにする。思いきり右脚を振り抜くと、ゴールキーパーの脇をすり抜け、ゴールに突き刺さった。これで相手は2点以上が必要になった。

1対0で折り返して後半に入ったが、56分、69分と立て続けに決められ、逆転を許す。1失点目は左サイドからペナルティエリアに侵入され、ニアのポケットからのマイナスのクロスを決められた。2失点目は、ミドルシュートを都築が弾いたところを押し込まれた。これで立場が逆転し、最低でも1点が必要になった。ただ、もう1点取られると、勝ち抜けには3点取らなければならない。攻撃に比重を移しながらも、攻守のバランスも崩すことができない、難しいシチュエーションだった。

それでも、73分、逆転されてからほどなく同点に追いついた。ポンテのフリーキックを阿部が頭で折り返し、長谷部が決めた。「心を整える」前の若武者は、ゴール裏に向かって吠え、右拳を突き上げた。勝負はここからだ。この時点で2戦合計スコアは4対4、アウェイゴールは2対2とまったくの五分。過密日程のなかで戦ってきた選手たちは疲労の色が濃い。闘莉王が、山田暢久が、体に異常を訴えて交代を余儀なくされる。阿部も傷んだが、もう交代枠は残っていない。まさに死闘である。

180分では決着せず、さらに30分の延長戦を戦ったが、両者に得点は生まれなかった。最後はPK戦である。コイントスによりPK戦のサイドは、こちら側に決まった。逆側のゴール裏からも大旗が集結する。ゴールの後ろには、俺たちがいる。もうすでに声はかれているが、残り少ない2本目のお茶でわずかに潤し、力を振り絞る。

PK戦に入ると、僕の感覚も研ぎ澄まされてくる。決めろ。外せ。止めろ。3つの感情がループする。先攻の浦和レッズは、一人目のポンテ、二人目のワシントンが落ち着いて決めた。城南一和も一人目が決め、二人目のキッカーが出てくる。大旗が振られる。腹の底からブーイングを飛ばす。真ん中高めに飛んできたボールを、都築が上にはじいた。この瞬間、この日最大の声量で吠えた。

「よっしゃぁぁぁぁ!!」

声がかれていても、腹から出せば、まだ声は出せる。浦和レッズ、1本リード。

そこからは両者譲らない。3人目の阿部勇樹は、痛む足を引きずりながら、右サイドに蹴り込んだ。4人目は途中出場の永井雄一郎。阿部と同じようなコースに蹴り、4人連続で成功した。そしてついに5人目。平川忠亮。浦和レッズのゴール裏は静まり返り、スタジアムには城南一和のサポーターの声だけが響く。「決めてくれ」。ゴール右上に飛んだボールがネットを揺らす。平日の浦和の夜空に、5万人の感情が爆発した。

日韓王者の対決、210分の激闘を制し、浦和レッズが、史上初めて、アジアのファイナルに辿り着いた。

◉あの舞台へ、ふたたび

2007年12月、浦和レッズは、アジア王者としてFIFAクラブワールドカップを戦っていた。初戦を勝ち、準決勝でACミランと対峙した。欧州王者であり、イタリア代表のピルロやガットゥーゾ、ブラジル代表のカカやジダ、オランダ代表のセードルフなど、世界最高峰の選手たちがいた。結果は0対1の敗戦。正直、点差以上の力の差があったと思う。しかし、アジアを制すれば、世界に繋がることもわかった。アジアの頂点を経験したいま、目標とすべきはクラブワールドカップの優勝である。

そのためには、またアジアを勝ち抜かなければならない。道のりは平坦ではない。二度目の戴冠までには10年の時を要した。２０１９年には、三度目にして初めて、アジアのファイナルで敗れた。それ以来、ＡＣＬから遠ざかっている。やはり、アジアで戦ってこその浦和レッズである。遠からず、あの舞台に戻らなければならない。

浦和レッズが再びアジアで戦うころには、スタジアムに人が戻っているかもしれない。埼スタで、西さんの遠征メニューに行列ができているかもしれない。海外遠征にも行けるようになっているかもしれない。いまからそのときを、心待ちにしている。

（本稿、敬称略）

すたすたぐるぐる

4

埼玉県

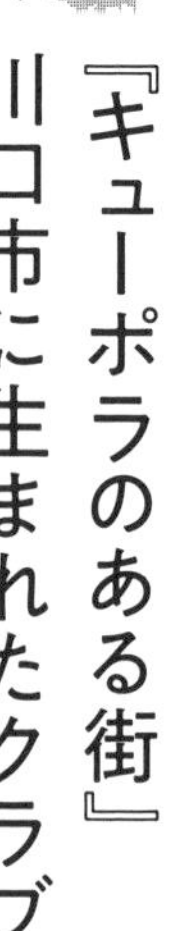

『キューポラのある街』川口市に生まれたクラブ

宇都宮徹壱

《いまや世界第一となった、マンモス都市・東京の北の端から、荒川の鉄橋を渡ると、すぐ埼玉県川口市に繋がる。川ひとつのことながら、われわれはこの街の生活のなかに、東京と大きな違いを感じる。５００を数える鋳物工場。キューポラという特色ある煙突。江戸の昔から、ここは鉄と人、汗に汚れた鋳物職人の街なのである――》

映画『キューポラのある街』のオープニングのナレーションである。

１９６２（昭和37）年公開というから、もう60年近く昔の作品である。主人公の中学3年生、石黒ジュンを演じるのは、のちに国民的女優となる吉永小百合で、このとき17歳。モノクロームのフィルムに焼き付けられた、その初々しい演技とともに強く印象付けられるのは、映画のなかで描かれていた、当時の川口市の風景である。

舗装されていない道、トタン屋根の貧しい家屋が並ぶ路地裏、雑木林とドブ川、そして駅前からでも見える鋳物工場の直立炉——すなわちキューポラ。1970年代のオイルショックで、多くの工場が移転や廃業を余儀なくされるまで、川口市は「鋳物の街」あるいは「キューポラのある街」として、全国的に知られていた。

東京都の西側で暮らす私にとり、川口市はほとんど縁のない土地であった。加えて『キューポラのある街』の世界観から、東京からかなり距離があるというイメージを抱いていたのである。

だが私は、2つの点で川口を大いに誤解していたようだ。

まず、川口は「東京から遠くない」ということ。東京駅から30分、新宿駅から最速で21分でアクセスできる。なんだ、わが家の最寄り駅よりも、近いではないか！

もうひとつが「川口は貧しい」とか「イケてない」という固定概念が、実はカビ臭い事実誤認だった、ということ。2021年7月1日の朝日新聞デジタルに、非常に気になるニュースがあった。以下、引用する。

《埼玉県川口市は30日、市民税と固定資産税、都市計画税を合わせた市税の税収が今年度当初見込みより、計34億円上回り計943億円になることを明らかにした。（中略）奥ノ木信夫市長は増収の要因について、ＪＲ川口駅周辺で住宅ローン会社が選ぶ「本当に住みやすい街大賞（首都圏）」で２年連続グランプリを受賞したことなどを挙げ、「住宅が東京と比較して安いことなどから、東京から移住してくる若い、高収入の市民が増えている」と述べた。（後略）》

いやあ、知らなかった。川口市が「住みやすい街」として、２年連続で大賞を受賞していたとは！『キューポラのある街』のジュンちゃんは、60年後の故郷の変貌ぶりに、どんな感慨を抱くであろうか。

さて、なぜ私は川口市について、ここまで言及しているのであろうか？

私が「フットボールと土地」の物語を蒐集している人間であることをご存じの方なら、おそらくピンと来るはずだ。そう、川口市から将来のＪリーグ入りを目指しているクラブがあるのだ。

「アヴェントゥーラ川口」

これが、そのクラブ名。アヴェントゥーラとは、ポルトガル語で「冒険」を意味する。

埼玉県には２つのＪクラブがある。Ｊ１所属の浦和レッズ、そしてＪ２所属の大宮アルディージャ。あまりサッカーが詳しくない人でも、埼玉には２つのＪクラブがあり、日本でも有数の

「サッカーが盛んな土地」ということをご存じであろう（ちなみに２０２１年秋に開幕する、女子のプロサッカーリーグ、ＷＥリーグにも３つのクラブが名を連ねている）。

埼玉県は、総面積では47都道府県で下から８番目ながら、人口では上から５番目の７３４万人。しかも２つのＪクラブは、いずれも県内で人口最多（１３３万人）のさいたま市を本拠としている。それ以外の市からも、Ｊリーグを目指す動きがあっても良さそうな気もする。

実際のところ、川越市や入間市や加須市にも、そうした動きがあるようだ。そんななかで私が注目したのが、人口60万人を誇る県内第２の都市、川口市をホームタウンとするアヴェントゥーラ川口だったのである。

◉川口駅で目にした風景とフットボール要素の欠如

首都圏在住のサッカーファンにとって、ＪＲ京浜東北線の川口駅よりも、むしろＪＲ武蔵野線と埼玉高速鉄道が乗り入れている東川口駅のほうが愛着はあるはずだ。ここから、埼玉スタジアム2002の最寄り駅である浦和美園駅までは、わずか１駅。私自身、取材では何度も訪れている駅である。

東川口駅が開業したのは１９７３年。それに対して川口駅は１９１０年。和暦でいえば明治43年である（ただし当初は「川口町駅」という名称だった）。1日の平均乗車人員の数は6万4428人で、JR東日本では49位。大宮駅（7位）、浦和駅（37位）に次いで、県内では3位である。それなりに大きな駅ながら、有料の特急電車は停車しない。人口50万人以上の市で、特急が停まらないのは、全国でも川口市だけらしい。

川口駅に降り立ったのは、このときが初めてだった。あらためて感じたのが、意外と東京から近い、ということ。隣駅の赤羽は、東京都北区。そこから荒川を越えたら――。まさに『キューポラのある街』のナレーション、そのままである。

もっとも、駅の東口に出てみても、映画のようなキューポラは皆無。まず視界に入ってくるのは、2021年2月28日に閉店となった、そごう川口店。そしてビルの上で咆哮する、巨大なライオン像である（いまはないパチンコ屋の看板像として作られたのだそうだ）。

キューポラは見えないけれど、駅前にはキュポ・ラ広場がある。立体歩道を降りてみると、鋳物工場で働く屈強な労働者の銅像を発見。鋳物職人が、ドロドロに溶けた鉄を湯汲で受け、最大限の集中力を発揮しながら鋳型に注ぎ込む様子が描かれている。

この彫刻、作品名を『働く歓び』という。いまから20年くらい前、旧ソ連や東欧を取材していたときには、こうした労働者を尊ぶ社会主義時代の遺構をよく目にしたものだ。

▲川口駅前のキュポ・ラ広場で鋳物工場の労働者の銅像を見つける。作品名は『働く歓び』

この作品がキュポ・ラ広場に設置されたのは、1974年とのこと。前述したとおり、そのころには多くの工場が移転や廃業を余儀なくされ、川口市は急速にベッドタウン化してゆく。

やがてバブル期を境に、目に見えて増加したのが、海外からの移住者。川口市の在留外国人総数は、2019年の時点で約3万6000人を数え、全国の自治体では東京都の新宿区と江戸川区に次いで3位となっている。

『キューポラのある街』で、北朝鮮への帰還事業の様子が描かれていたことからもわかるように、鋳物が盛んな時代は在日コリアンが川口には数多く住んでいた。しかし

90年代前半で中国系が追い抜き、その数2万人以上に膨れ上がっているという。

「そういえば、中華料理の店が多いよな――」

ふと、ひとりごちてみる。実際、川口駅前を歩き回ってみると、いかにも「本場仕込み」の町中華をあちこちで見かけた。のちに知ったところでは、隣の西川口駅のほうが、さらにチャイナタウン化していて、住民の多くは瀋陽や長春などの旧満州出身者。ということは、うまい餃子の店がありそうだ。

あらためて、川口市について私が知ったことを箇条書きにしてみる。

・川口は東京から意外と近い。
・川口はすでに『キューポラのある街』ではない。
・川口は「住みやすい街」として人口増加が続いている。
・川口は（とくに西川口駅周辺で）チャイナタウン化が進行している。

と、ここまで書いて、フットボール要素が欠如していることに気付いた。本当にこの街に、将来のJリーグ入りを目指すクラブがあるのだろうか。

ふいに、東口の大型ビジョンに、サッカーの映像が流れる。何となく、青いユニフォームが視界に入り、慌てて振り返ったら、すでに終わっていた。

どうやら、川口商工会議所が提供している、大型ビジョンらしい。もう一度、上映されないだろうか。15分ほど待ってみたが、地元企業のCMばかりが続いて、アヴェントゥーラ川口の存在を確認することは叶わなかった。

◉川口市のグラウンド事情と古豪・さいたまSCとの対戦

アヴェントゥーラ川口のホームゲームは、いつも川口市内で開催されているわけではない。今季の関東リーグ2部の日程を確認すると、メインで使用しているのが、さいたま市の埼玉スタジアム第2（天然芝）か第4（人工芝）グラウンド、そして加須市にあるSFAフットボールセンター。川口市青木町公園総合運動場では、9月に1試合が行われるのみである。

私が初めてアヴェントゥーラの試合を取材したのは、5月30日のさいたまSC戦であった。会場は、秋葉の杜総合公園サッカー場。キックオフ11時は「地域リーグあるある」である。

JR大宮駅からバスに乗車して「秋葉の森」という停留所で下車。ネットの情報によれば、ここは「自然の森林や湿地帯をそのまま生かした、さいたま市西区のネイチャースポーツパーク」なのだそうだが、重いカメラ機材を担ぎながら鬱蒼とした森の小道を歩き続けるのは、不安以外の何ものでもない。ようやく視界が開け、人工芝のグランドが見えたときには、今日の仕事の半分を達成した気分になった。

しかし、ここでまたしても思わぬアクシデント。メールで済ませていたと思っていた取材申請が通っていないことが判明する。「アヴェントゥーラの代表の方にメールしたんですけど」と事情を説明すると、応対してくれた人は「今日は、さいたまSCのホームゲームなんですから、そちらに申請していただかないと――」。

うかつだった。クラブの公式サイトを見て、てっきりアヴェントゥーラのホームゲームだと信じ切っていた。「取材に来ていただくのは結構ですが、取材申請の手続きはきちんとやってください」と、さいたまSCの担当者。思い切り出鼻をくじかれてしまった。

この日は快晴で、人工芝の照り返しが眩しい。両者ともクラブカラーは青だが、さいたまSCはピンク、アヴェントゥーラは白。コロナ対策のため、無観客で行われ、会場に貼られた横断幕もホーム側のものだけであった。

さいたまSCについては、実は2010年の地域決勝（現・地域CL）で取材したことがある。高知での1次ラウンドで対戦したのは、カマタマーレ讃岐、AC長野パルセイロ、そして福島ユナイテッドFC。いずれも、現在はJリーグ所属のクラブである。結果は3戦全敗。それでも純然たるアマチュアクラブは、最後まで堂々と戦い、清々しく大舞台から去っていった。

▲さいたまＳＣ戦で２点目を決めた小林秀征は岡山や長野でプレー経験のある元Ｊリーガー

さいたまSCの前身は、埼玉県教員サッカークラブ。その名のとおり、2000年までは純然たる教員のためのクラブであり、1982年から2シーズン、JSL（日本サッカーリーグ）2部に所属していた。のちに大宮アルディージャとなる、NTT関東がJSL2部に昇格する5年前。つまり、さいたまSCは、県内で最初に全国リーグを戦ったクラブだったのである。

そんな輝かしい歴史をもつ古豪クラブも、関東2部となって今年で3シーズン目。新参者のアヴェントゥーラ戦は、6位対3位の顔合わせとなった。

さいたまSCは、前半こそ主導権を握ったが、後半に入ると完全にアヴェントゥーラのペース。60分に大田隼輔が、そして90＋2分には小林秀征がゴールを挙げ、2対0でアヴェントゥーラが勝利した。ちなみに大田はFC町田ゼルビア、小林はファジアーノ岡山FCなどでプレー経験のある、いずれも元Jリーガーである。

試合後、アヴェントゥーラのベンチを訪ねてみた。クラブ代表の長岡修に挨拶するためである。しかし、運営の後片付けのため不在。「ワンオペ代表」という噂は、本当のようだ。またあらためて、川口に出向くことにしよう。

◉クラブ名称変更に感じる「川口市へのこだわり」

「せっかく試合に来ていただいたのに、ご挨拶できずにすみませんでした。ひとりだと、いろいろやることがありまして」

指定された場所は、川口駅から徒歩10分ほどの場所にあるマンション。アヴェントゥーラ川口代表の長岡は「永遠のサッカー少年」といった雰囲気をもつ男であった。

1974年生まれの47歳。川口高校から城西大学に進学したものの、当時は「監督が練習になかなか来なかった」ため、埼玉教員サッカークラブでプレーしていたという。前述のとおり、同クラブが教員以外に門戸を開いたのは2000年以降（同年に埼玉SCに名称変更）。その意味では、極めて稀有なキャリアと言えよう。

「当時、東京ガスサッカー部（現・FC東京）の監督をされていた、大熊清さんと繋がりがあったので、大学3年の時に練習参加させていただきました。いずれはプロ選手にと思っていたんですが、大学との練習試合で複雑骨折をしてしまって。結局、卒業後は公務員になって、固定資産評価をやっていました」

アヴェントゥーラのオフィスは、デスクを4つ並べると、圧迫感を覚えるくらいの広さだ。夢を育むには十分だろうが、スタッフがフル稼働するには手狭感が否めない。その後の長岡の履歴について、耳を傾けてみよう。

「サッカーとの縁は、その後も切れなかったですね。25歳のときに前十字靭帯を断裂してしまうんですが、それまでは地元のアマチュアや企業チームで続けました。その後、ボランティアで地元の子どもたちを指導していたんですが、公務員の仕事は7年くらいで辞めて、横浜で子どもたちの指導やフットサルコートの仕事をするようになりました」

やがて、自身のなかで「いずれ川口でクラブを作りたい」という考えが芽生えるようになる。

そんな折も折、長岡はフットサル事業を通じて、埼玉県1部の川口SCというクラブと出会うことになる。いったんはタッグを組んだものの、のちにJリーグを目指すクラブの母体となったのは、与野SCであった。

2007年、与野SCからアヴェントゥーラ埼玉と改称。翌08年、アヴェントゥーラ川口となり、長岡は運営母体のNPO法人を立ち上げる。

「すでに県内には、レッズやアルディージャもありましたし、なるべく広く応援していただきたいという思いもあって、当初はアヴェントゥーラ埼玉というクラブ名にしました。でも、Jリーグのセミナーを受講してみて、より地域密着を意識したほうがいいだろうと考えて、現在の名称にしました」

「埼玉」ではなく「川口」。この長岡の判断は、極めて正しかったと言えるだろう。それは、アヴェントゥーラのサポーターの証言からもあきらかである。いくつか紹介しよう。

「川口は昔からサッカーが盛んで、中学だと神根中が強豪校として知られていました。でも高校レベルになると、浦和とか武南（蕨市）に流れてしまうんですよね。そうして考えると、クラブ名に『川口』を入れてくれたので、すごく応援しがいがあります」

「サポーターのなかには、浦和レッズを応援している人もけっこういます。でも、やっぱり『川口市にこだわりたい』という人は一定数いるんですよね。東京に最も近いし、人口も県内で2番目だし、あと『キューポラのある街』だから、職人気質の人が多い。けっこう、プライドも高いんですよ。そういう土地柄って、Jクラブ向きだとも思うんですよね」

サポーターの話を聞いていて、強く共感するのは「埼玉県＝さいたま市」ではないということだ。つまり同市をホームタウンとする、浦和レッズと大宮アルディージャ以外にも、県内にJクラブを受け入れる土壌は、間違いなく「ある」と言えるだろう。

◉元日本代表TDが感じる川口市のポテンシャル

「アヴェントゥーラに出会ったのは、いまから2年前。僕がTD（テクニカルディレクター）を務める拓殖大とトレーニングマッチをしたときに『川口市からJリーグを目指すクラブ』ということを知って、がぜん興味が湧きました。川口といえば、僕が住んでいる南浦和からすぐ近くですからね。筒井（剛毅）監督を通じて、すぐに代表の長岡さんにお会いしました」

オンラインの向こう側でそう語るのは、元日本代表の柱谷幸一、60歳である。代表キャップ数は29（3ゴール）。現役時代は、日産自動車、浦和レッズ、柏レイソルでプレーし、1996年に35歳で現役を引退している。

注目すべきは、指導者に転じてからの経歴。モンテディオ山形、京都パープルサンガ、栃木SC、ギラヴァンツ北九州で監督を務めている。

実は柱谷には、北九州監督時代の２０１４年にインタビューしている。

この年のＪ２で、北九州は５位でフィニッシュ。しかしＪ１ライセンスをもたなかったために、Ｊ１昇格プレーオフには参戦できなかった。ライセンス基準を満たす、ミクニワールドスタジアム北九州がオープンしたのは２０１７年のこと。しかし前年、北九州は22位でＪ３降格が決定し、柱谷は監督を退任している。

それから現在に至るまで、柱谷はＪリーグの舞台に戻ることなく、解説者と拓殖大学サッカー部のＴＤの仕事を続けている。そんな彼がなぜ、当時県リーグ１部だったアヴェントゥーラ川口に関心を抱き、さらにはＴＤになることを志願したのだろうか。

「これまで、アマチュアクラブと接点がなかったわけではないですよ。山形の監督を辞めたあと、アミティエＳＣ京都（現・おこしやす京都ＡＣ）のアドバイザーをしていたことがありました。それと栃木ＳＣの監督になったときも、当時はＪＦＬ所属で30人くらいの選手は教員や会社員だったんです。あのころは、プロとアマチュアの違いというものに、日々直面しましたね」

Ｊリーグでの監督業に、未練がないといえば嘘になる。それでも「いま、やれることでサッカー界に貢献したいですよね」とも。そして、こう続ける。

「僕自身、監督として京都をＪ１に、栃木をＪ２に昇格させていますし、浦和でのＧＭ経験もあります。チームの編成や強化だけでなく、運営会社の立ち上げや環境面の整備、さらには自治体やスポンサーやＪリーグとの関係という点でも、僕の経験や人脈でお役立ちできると思います」

２０２０年の第54回関東社会人サッカー大会で、アヴェントゥーラは決勝で南葛ＳＣに敗れたものの2位となり、念願の関東2部昇格を果たした。柱谷のＴＤとしての助言が、この結果に大いに反映されたことは言うまでもない。のみならず、オフ・ザ・ピッチにおいても、これほど心強い味方はいないだろう。

とはいえ、アヴェントゥーラが本気でＪリーグを目指すには、まだまだ足りないものが多いのも事実。それは、柱谷自身も認めている。それでも経験豊富な元日本代表が、ボランティアに近い形で地元のアマチュアクラブのＴＤを続けているのは、川口という土地に大きな可能性を感じているからだ。

「正直なところサッカーに関しては、いまの川口には何もない状況です。スタジアムはもちろん、練習できる場所もない。その一方で、ポテンシャルも感じています。東京に近いので、大小合わせて1万くらいの企業がありますし、人口もどんどん増えているので、行政の子育て支援も手厚い。そんな川口には、ビッグクラブのある浦和や、ＮＴＴが支える大宮とも違う、本当の意味での市民クラブが生まれる可能性は十分にあると考えています」

この言葉を受けて、最後に私自身が考える「川口市にJクラブが生まれるストーリー」を披露することにしたい。

まず、アヴェントゥーラには「川口市をひとつにする」可能性を秘めている。具体的には、昔から川口に住んでいる市民と新たに転入してきた市民、そして市内に暮らす日本人と中国系をはじめとする外国人である。

次に、同じく埼玉県からJを目指す、ライバルの存在もほしいところ。その候補の筆頭と考えているのが、川越市をホームタウンとする、COEDO KAWAGOE F.Cだ。こちらのカテゴリーは、川越市リーグ2部。アヴェントゥーラと同格になるためには、最低でも6年かかる。それでも、県内の人口第2位の川口と第3位の川越との間にダービー関係が生まれれば、盛り上がることは間違いない。

思えば浦和と大宮のダービーも、後者がJ2に降格してから4シーズン、開催されていない。近い将来、ダービーの熱狂がさいたま市以外にも出現したとき、埼玉県は真の意味でのサッカー王国となるのではないか。

（本稿、敬称略）

埼玉と新潟を繋ぐ店　吹上の名店「どんまいじゃん」

浜崎一

埼玉県鴻巣市、ＪＲ吹上駅から徒歩約15分のところに、なぜかコアなアルビレックス新潟サポーターが訪れるうどん屋「どんまいじゃん」がある。筆者が住む新潟市からは約３００km。関越道を嵐山小川インターチェンジまで飛ばし、そこから車で30分。合計3時間半の旅路だ。うどんを食べに行くにはやや遠い。

インターネット上の評判によると、このお店は「蕎麦通の間では有名」ということになっているが、筆者はうどん屋であると認識している。理由は、新潟に住んでいる僕にとっては蕎麦は布海苔の効いた新潟の蕎麦のほうが好みだということと、埼玉が隠れたうどん県であることにある。

そのどんまいじゃんに、なぜコアなアルビレックスサポーターが訪れるのか。それは、どんまいじゃんが1999年からアルビレックス新潟に在籍したローカルスター、鈴木慎吾元選手（以下、慎吾）の実家だからだ。

慎吾とは何度か挨拶したくらいの繋がりしかないけれど、アルビレックス新潟サポーターは彼のことを慎吾と呼ぶのが常識なので、ここでは親しみを込めて慎吾と呼ばせていただく。

「うちの息子は小さいころからダイビングヘッドが得意でねぇ」

慎吾に似て無口なお父さんから筆者が引き出した貴重なセリフだが、こういう懐かしがり方をできるのもプロサッカー選手の親の特権だろう。

◉鈴木慎吾の挫折と復活、そしてスターになるまで

慎吾は浦和レッズユースから最初にトップチームに昇格した選手だ。大きな期待を受けてプロ入りしたものの、そのキャリアは苦労人としてスタートする。サッカー界ではプロ入りした選手には3年契約を結ぶというのが通例だが、慎吾は1シーズンで解雇されてしまう。

インタビュー記事によると、契約を切られた理由は「プロ向きの性格じゃない」ということらしい。ユース出身なら性格くらいわかっていたのではと皮肉を言いたくなってしまうが、トップに上げたいユース部門と即戦力を求める現場のギャップもあったのであろう。結果的に18歳

の慎吾はこれを乗り越えることができなかった。

しかし慎吾はサッカーをあきらめない。

ＪＦＬの横河電機（現・東京武蔵野シティＦＣ）で仕事をしながらサッカーを続け、もう一度プロを目指す道を選ぶ。仕事とサッカーの両立の生活はキツく「とにかく毎日眠かった」と慎吾はインタビューで語っている。慎吾はその厳しい環境下で「チャンスは一度きり」というハングリー精神を身につけることに成功した。

横河電機での活躍は当時ＪＦＬに所属していたアルビレックス新潟強化部にも届き、入団テストを勧められ、1年目は落ちるも2年目のテストで見事合格。

入団後は抜群のスピードと決定力でＪ2弱小チームのスター選手になる。

慎吾の第一印象は「チャンスに強烈なシュートを叩き込める勝負強い選手」だった。デビューした試合でＶゴールを決めると夏には5試合連続ゴールを記録。まさに「チャンスは一度きり」の考え方で自分のサッカー人生を切り開いた。

僕は２０００年当時、サポーター集団のコールリーダーをやっていた。そして、慎吾は僕たちが作ったゴール裏から個人チャントを送られた最初の選手となった。

２００1年に反町康治監督が就任してからは「プレスからの素早いカウンター」が主戦術と

なり、慎吾はつねにその中心にいた。

2001年はアルビレックス新潟にとっても慎吾にとっても激動の年だった。

それまで4000人の観客を集めるのが精一杯だった地味なチームが、ワールドカップ基準のスタジアムの竣工により、いきなり4万人以上を集めるビッグクラブに生まれ変わったのだ。

この年は惜しくも4位で昇格を逃すも、アルビレックス新潟は初めて本気でJ1昇格を目指して戦った。

みにくいアヒルの子だったアルビレックスが実は自分は白鳥だったと気づく年であり、慎吾自身も華麗な白鳥に生まれ変わって新潟から旅立つ最初の1羽になった。

慎吾は活躍が認められ、J1の京都パープルサンガ（当時）に期限付き移籍をするのだ。

新天地では3-4-3の左ウイングとしてポジションを掴み、黒部光昭選手、松井大輔選手、パク・チソン選手とともにに強烈な攻撃力を発揮し、天皇杯を獲得してしまった。

のちに日韓の代表選手となるメンバーと肩を並べる活躍ぶりに、2ちゃんねるでは「出世魚鈴木慎吾」というスレッドが立ち、僕たちサポーターは「期限付き移籍とはいえもう新潟に帰ってこないのではないか」と怯えていた。

2003年。元日本代表の山口素弘選手らを獲得し、アルビレックスは三度目のJ1昇格争いに挑む。昇格争いはもつれにもつれ、最終節満員の新潟スタジアムビッグスワンでついにアルビレックスはＪ２優勝を達成。

すると翌２００４年、アルビレックスのＪ１挑戦のシーズンに、慎吾はなんと前年の天皇杯優勝チームからの慰留を丁寧に断り新潟に戻ってきたのだ。

慎吾は僕たちサポーターにとっては孝行息子であり、圧倒的なスター選手なのである。

◉奇跡を起こし伝説になる

２００４年Ｊ１第3節のアウェイ柏戦、敗色濃厚だった0対1のロスタイム。

慎吾は左隅角度ゼロから同点ゴールを決めた。

これがアルビレックス新潟というクラブのＪ１初ゴールとなった。

直後にエジミウソンも逆転ゴールを決め、わずか数分の間に勝者と敗者はひっくり返った。

これは僕たちにとっての伝説だし、永遠の語り草になるだろう。２００１年から3年かけて摑んだＪ１で、ついにアルビレックスが勝利したのだ。

スタジアムからの帰り道、まだ明るい時間帯に緊急の祝勝会は開催された。

柏の葉公園総合競技場からの帰り道に、とりあえず入れそうな居酒屋の前で人数を数えていると一人また一人と人数が増え、25人を超えた。

本来なら起こるはずのない大入りに、お店の人たちも大混乱だ。

「この人数だと生ビールご提供に大変お時間かかります」とあらかじめ念を押され、座敷に腰を下ろした。

お店側の宣言は正しく履行され、待てども待てどもビールはこない。

しかし誰も腹を立てる人はいなかった。

ニヤニヤと頬の緩みきった集団は、目の前で見た衝撃的なゴールの話を延々とくりかえしていた。ビールのなかなか出てこない宴会で乾杯前からあんなに気分が良かったのは後にも先にもあの日だけだ。

この年、新潟では中越地震が発生し、ホームでもまったく勝てない試練のシーズンだった。想像してみてほしい。やっと昇格したシーズンで9月になってもホーム初勝利がないのだ。あまり雰囲気のよろしくないホームスタジアム。そこに慎吾はS君という一人の男の子を招待していた。

S君は生まれつき言語障害があり、4歳までパパ、ママくらいしか喋れなかった。S君のお母さんはなんとか彼の心を動かそうとビッグスワンに通ったのだという。

そして少年が4歳でついに口にした単語はなんと「しんご」だった。

いつしかS君は「慎吾 GO GO」と歌い出すようになったのだ。

慎吾はS君を招待していたホームゲームでゴールを決めた。スタジアムに熱狂を取り戻すゴールは、2004年のホーム初勝利を手繰り寄せるゴールだった。

慎吾は伝説になった。

そして伝説の選手の〝生地(せいち)〟はサポーターにとっての〝聖地〟になったのだ。

◉新潟と埼玉、お互いの玄関口としてのどんまいじゃん

新潟サポーターが埼玉にある「どんまいじゃん」を訪れる理由には、2つのパターンがある。

1つ目は当然ながら大宮や浦和で行われるJリーグアウェイマッチの前後だ。

鴻巣は高速の出入り口からもかなり遠く、はっきりいって遠回りなのだが「せっかくだから」と理由をつけて立ち寄る。

ナイトゲームなら試合前に、デーゲームなら試合後に立ち寄り、うどん・蕎麦以外にもある名物料理をつまんで決起会、祝勝会、反省会を実施する。おすすめはだし巻き卵と天ぷら。

前述のとおり、新潟から埼玉は約300㎞あるが、ザスパクサツ群馬に次いで近いアウェイ

なので帰りのドライバーは一人で済む。お酒が飲めない「犠牲者」は最小ですむ数少ない「アウェイ日帰り飲み会」ができる店だ。

帰りは慎吾ママからお土産のおつまみをいただき、帰りの車中で宴会の締めを行う。

2つ目は関東に住むアルビレックスサポーターの方々が立ち寄るパターン。こちらは逆にビッグスワンの帰りに気が向いたときにふらっと立ち寄る。

実は関東に住んでいるアルビレックスサポーターはかなり多い。

本人が新潟から関東に就職で出てきたケースに加え、親が新潟出身、祖父母が新潟出身というケースもある。

あまり知られていないが、新潟県は1800年代後半日本一の人口を誇る県だった。

元新潟県民が大量に首都圏に住んでいるのは、単純に当時の新潟の人口が日本一だったからだ。総務省統計局「日本の長期統計体系」によると、新潟県の人口は明治21（1888）年と明治26（1893）年の調査では全国1位となっている。

当時はまだ日本海側の海運が国の輸送の中心を担っていたことに由来する。それが、鉄道と車が中心になるにつれ、首都圏一極集中型の国の形が形成される。

東京はありとあらゆる地方から人口を吸い上げ続けたが、新潟出身者の多くも東京に吸い込まれた。

その人たちが年に数回、鮭が遡上するように潟巣の名店どんまいじゃんを目指す。

慎吾は2013年に現役を引退したが、「どんまいじゃん」はいまでも新潟と深く繋がっている。

まだ訪れたことのない読者の皆さまには春の時期に訪れるのをお勧めする。この時期は普段の定番料理に加え、魚沼エリアの新潟サポーターが大量に送りつける山菜を味わうことができる。

アルディ・狭山茶・ゾウキリン

矢島かよ

埼玉県入間市。埼玉県の南の端、東京都青梅市と瑞穂町に隣接した場所に位置する、航空自衛隊のある街で私は育った。毎年11月3日の文化の日に開催される「入間航空祭」は、多くの人で賑わう。ブルーインパルスの当日の曲技飛行はもちろんのこと、飛行訓練が自宅から見えるのはとても贅沢だということは、大人になってから知った。航空祭当日は、西武鉄道が臨時列車を走らせる。それもまた、鉄道ファンの間で人気のイベントだ。

◉茶処入間

入間市は「味は狭山でとどめ刺す」とうたわれる狭山茶の主産地であり、実家の周りも茶畑で囲まれていた。4月下旬ごろになると、そこかしこで茶摘みが行われ、新茶の良い香りが立ち込める。私が子どものころは、実家の茶畑でまだお茶を作っており、摘んだ茶葉を入れるための大きなカゴに入って遊んだ覚えがある。摘んだ茶葉はお茶屋さんに持って行き、買い取ってもらっていた。

お茶はつねにそこにある、身近なものだった。急須で淹れるのが当たり前だと思っていたので、ペットボトルに入った冷たいお茶を初めて見たときは驚いた。緑茶以外のお茶が苦手なのは「お茶といえば緑茶」という環境で育ったせいだと思っている。

父が子どものころは、茶摘みの時期には「農繁休暇（のうはん）」というものがあり、お茶農家の子どもは、4月下旬から7月中旬ごろまでの茶摘みの時期に、学校を休んで家の茶摘みを手伝っていたらしい。また、小学校では地元のお茶農家の手伝いに行っていたという話もしてくれた。4～6年生は午後になると茶摘みに駆り出され、1～3年生は、茶摘みの手伝いをしないかわりに、近所の上級生のランドセルを各家庭に持って帰る任務を与えられていたとのこと。手伝いをした分のお金は、修学旅行の費用などに充てられたという。いまでは考えられないが、当時はよくあることだったのかもしれない。

現在の入間市内の小学校では、カリキュラムに茶摘み体験が組み込まれているという。また、中学校では各校に茶室があり、煎茶の茶室体験が行われているとのこと。私が子どものころよりも、名産品である「お茶」がより身近に感じられる教育プログラムが組まれているのはとても良いことだと思った。

実家ではもう茶畑はやっておらず、周囲でもその面積は減ってきているが、埼玉県下一の栽培面積を誇る「狭山茶」は、名産品の一つとしてその名をずっと残してほしいと思う。

◉ざらざらゴツゴツ武蔵野うどん

地域の食べ物として忘れてはならないのは「武蔵野うどん」だ。

いまでこそ「武蔵野うどん」という名称でそれを呼んでいるが、幼少期は「うどん」といったらこれしか知らなかったため、大人になって、あのうどんに名前がついていることに驚いた。近年、武蔵野地区以外の埼玉県内でも「武蔵野うどん」を呼称した店は増えているが、郷土料理としての「武蔵野うどん」は、私が子どものころに食べていたものだと思っている。

また、うどんとは、祖母や母が粉をこねて作るものだとも思っていた。

私は子どものころ、よくうどん打ちを手伝っていた。「子どもくらいの重さがちょうどいい」と言われ、手でこねてある程度ひとまとまりになった小麦粉の塊をビニール袋に入れ、その上から足で踏んだ。なんだかよくわからないけれども、なんとなくいけないことをしているような感じがおもしろく、好きな作業だった。小学校高学年くらいになると、麺棒で伸ばす作業をやらせてもらえるようになった。うどん打ちはしばらくやっていないが、幼少期から手伝っていたため、やろうと思えばいまでもできるはずだ。

麺はゴツゴツとした重めの食感で、太く、コシが強い。手打ちで、ザラザラ感が少しある。武蔵野台地で生産された地粉を使い、その色は少し茶色がかっているのも特徴だ。だしはかつお節で、醬油ベースのためつゆの色は濃く、少し甘い。わが家では、しいたけと、細切れの豚肉とともに煮込んでいた。キノコ類が苦手な私は、いつもしいたけをよけて食べていた。

うどんもまた、お茶と同様「家庭の味」の印象が強く、店で食べた記憶はほとんどない。

◉埼玉県西部にあるスタジアムと野球のこと

お茶とうどんの地域、埼玉県西部にあるスタジアムといえば、プロ野球、埼玉西武ライオンズの本拠地であるメットライフドームだ。実家から車で十数分のところにあり、子どものころはよく連れて行ってもらっていた。高校生になると、友人らと一緒に行くようになり、また、現地で友人を作るなどして通い詰めた。

野球一色の地域であり、ほとんどの男の子たちはライオンズの青いキャップをかぶっていた。少年野球チームに所属している子も多く、スポーツといえば野球だった。私も例に漏れず、野球が好きになり、ライオンズファンになった。そしてプロ野球に飽き足らず、アマチュアの社会人野球も見るようになっていった。

毎年夏に東京ドームで開催される「都市対抗野球」は、各チームが、本拠地のある地域を代表してナンバーワンを争う大会だ。私はこれに魅了された。いいな、と思った選手がプロ入りするのをみるのも楽しいし、プロには行かず、会社に留まって野球を続ける選手を見守るのも楽しい。最初のころは、見に行ける時間帯の試合をバックネット裏で眺めるだけだったのだが、さまざまなチームや選手を見ているうちに、東京都代表のＮＴＴ東日本硬式野球部が気になりはじめた。次第に、ＮＴＴ東日本の試合がある日はなんとしても見に行くようになっていた。

◉都市対抗野球とマスコット

都市対抗野球は、各企業や自治体のマスコットキャラクターが応援に駆けつけることでも有名だ。たとえばＪＲ東日本ならSuicaのペンギン、Honda熊本ならくまモンといったふうに。残念ながら「東京都代表」という枠に対して駆けつけてくれる自治体マスコットはいない。東京都代表で応援に来るのは、Suicaのペンギンのように、各企業の関連マスコットだけだ。

ちなみに、社会人野球において「マスコット」というと、所属する企業内から1名選出され、ベンチに入り応援するなど、チームを支える女性社員である「マスコットガール」を指す。いわゆる「マネジャー」のような扱いだが、近年「マスコット」という用語は着ぐるみを指すことが多く、混同されがちなので、個人的には何か別の名称に変わると良いと思っている。ここでは、マスコット＝着ぐるみとしてのマスコットの話をする。

ＮＴＴ東日本には、企業としてのマスコットはいない。マスコット好きとしては少し寂しく、いつも対戦相手のマスコットを見るのを楽しみにしていた。

あるとき、イニング間にコンコースを歩いていると、前からオレンジ色のリスが歩いてきた。アテンドのお姉さんが「アルディくんが来てくれましたよー」と言っていた。

さて、アルディくんとはいったいどこのマスコットなのだろう。野球と自治体と企業のマスコットには詳しかったが、私の頭の中のデータには「アルディくん」に思い当たるところがなかった。よく見ると、胸にはdocomoの文字がある。ＮＴＴ関連の子なのだろうか。

「写真を撮らせてもらってもいいですか？」

思い切って声をかけると、立ち止まってポーズを決めてくれた。目がくりっとしていてとても愛らしい顔をしている。

席に戻ってさっそく「アルディ」を調べると、サッカーの「大宮アルディージャ」のマスコットだということがわかった。さいたま市の子だったら、さいたま市代表の日本通運の試合に行かなくてよいのだろうか。そう思いながらさらに調べると、大宮アルディージャの前身がNTT関東サッカー部であるということがわかった。さいたま市として来たわけではなく、NTT繋がりで応援に来ていたようだ。

NTT東の応援ステージを見ると、アルディが応援団と一緒にがんばって応援していた。大きな尻尾がぴょんぴょん揺れてかわいい。埼玉県生まれではあるものの、地元では野球がメインで、サッカーを見る環境になかった。埼玉を離れてからもサッカーを見る機会はなかったのだが、これを機に覚えておこうと思った。

◉サッカーと私とマスコット

アルディとの出会いから数年後。アルディのことを忘れたわけではなかったが、私は名古屋グランパスのサポーターになっていた。とはいえ、アルディ―ジャのことは気にかけているし、NACK5スタジアムは見やすいので気に入っているし、FMラジオといえば〝79.5〟NACK5だ。

サッカーを見るようになって、私の人生は大きく変わった。応援しているチームは違えど「サッカーが好き」「Jリーグが好き」という仲間たちと出会い「サッカーを見にいろいろなところへ旅に出る」という楽しさを知ったことは、私の人生を豊かにした。

サッカーのない街で私は育った。しかし、私が地元を去った後に「ACアルマレッザ入間」という、現在は埼玉県社会人サッカーリーグ1部に所属するチームができていたことを知った。どこか遠くのスタジアムに行くのもいいが、西武池袋線を下って、たまには地元に帰るのもよいかもしれない。

最後に、マスコットの話をしておこう。私がマスコット好きでなかったら、アルディを気にすることもなかったし、サッカーに興味をもっていなかったかもしれないし。

埼玉県の自治体マスコットで一番有名なのは、深谷市の「ふっかちゃん」かと思うが、私のイチオシは、新座市の「ゾウキリン」だ。新座市といえば「雑木林（ぞうきばやし）」が有名だが、それを「ゾウキリン」と読み間違えてやってきたキリン模様のゾウで、もしかしたら日本一かわいいのでは、というかわいさなので、知らない方はぜひ検索してみてほしい。新座市近郊を走る西武バスでは、ラッピング車両も運行されている。読み間違えといえば、私の親友は「新座市」を「しんすわるし」と読んだ。なにかと読み間違えられがちな土地なのかもしれない。

そういえば、浦和レッズのマスコットは、シャーレくんにしか会ったことがない。レディア、フレンディア、ティアラちゃんに会える日がいつか来るといいなと思う。

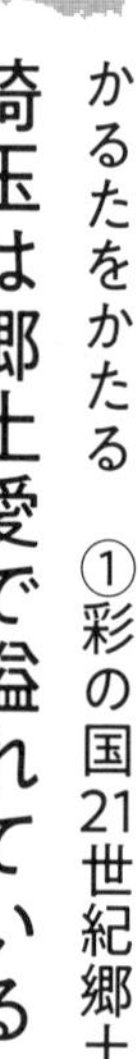

かるたをかたる　①彩の国21世紀郷土かるた

埼玉は郷土愛で溢れている

大宮けん

「埼玉県民は郷土愛がない」とよく言われる。本当にそうだろうか。僕は埼玉で生まれ育ち、いまも埼玉で暮らす、生粋の埼玉県民。僕は地元が大好きだと自負しているし、周囲にも地元が大好きな友人がたくさんいる。やはりあの言説はメディアが作り出したものであって、現実はまったく違うんだ。いや待てよ、僕や友人が愛着をもっているのは、「埼玉県」ではなく「さいたま市」でもない。好きなのは「大宮」という街。そういう意味では、確かに埼玉県への愛着というのは、それほど高くはないのかもしれない。

僕は生まれも育ちも大宮。先祖代々からの、生粋の大宮人だ。

「浦和には用はねえ」

「与野は黙ってろ」

親戚一同で集まると、必ずこういったワードが飛び交う。

大宮人は兎にも角にも大宮至上主義。埼玉県民という自覚はほとんどもち合わせていない。それどころか、埼玉県内の他地域を上から目線で見下し、埼玉県としてひとくくりにされることをひどく嫌がる。20年が経ったにもかかわらず、いまだにさいたま市合併を恨んでいる人も少なくない。そのくらい、大宮という土地に誇りと愛着をもっているのだ。

◉かるたで地元を知る埼玉県民

小学校のときに「彩の国21世紀郷土かるた」というかるたで遊んだ記憶がある。埼玉のおもな歴史や人物、産業や自然が盛り込まれたもので、絵札と読札は埼玉県内の小中学生によって作成されている。さいたま市内の小学校では、小学校3年時にさいたま市に関する学習、4年時に埼玉県に関する学習を行う。僕の通っていた小学校では、4年時の埼玉県に関する学習の教材として、このかるたが用いられた。

「宇宙まで 夢を届けた 若田光一」

大宮ゆかりの句はこれだった。いまでもはっきりと覚えている。若田光一氏は大宮出身の宇宙飛行士。日本人で初めて宇宙ステーションでの長期滞在ミッションに参加するなどの功績がたたえられ、内閣総理大臣顕彰や、彩の国特別功労賞などを受賞している。ちなみに、彩の国特別功労賞を他に受賞しているのは、ジョホールバルの歓喜において決勝点を決めた岡野雅行氏や、2017年にACL王者に輝いた浦和レッズなどである。確か浦和ゆかりの句は「ホイッスル 響け心の スタジアム」であった。絵札はできたてほやほやの埼玉スタジアム2002。やはり浦和はレッズの街なのだ。アルディージャ関係はまだ受賞することができていないだけに、若田氏は大宮の誇りだ。

大宮駅西口に、宇宙劇場というプラネタリウム施設がある。ここは若田氏が名誉館長を務めているのだが、さいたま市内の小学校に通っていた人であれば、社会科見学で訪れたことがあるだろう。僕は友人とときどき宇宙劇場を訪れていたので、社会科見学の行先がそうだと知ったときには、残念に思った記憶がある。わざわざ社会科見学で行かなくてもいいだろう。同じことを言っていた友人も多かった。そのくらい、大宮人にとっては広く愛されている施設なのだ。

◉地元愛は強いが、埼玉愛は薄い？

県内各地のゆかりの札が集まった、彩の国21世紀郷土かるた。「眠りから 覚めたオニバス 北川辺」「にらめっこ 武州だるまの 目を入れて」「町民が 歌舞伎役者の 小鹿野町」。僕らにとっての若田氏と同じように、その土地で暮らす方々にとっては、とても思い入れのある札なのだろう。しかし、僕らにとってはなかなかピンとこない。加須は遠足で行くむさしの村、越谷はしらこばと水上公園のイメージしかなく、小鹿野に至っては、県内のどこにあるのかすら当時の僕はまだ分かっていなかった。

埼玉県は市の数が日本一。市町村数でみても、北海道と長野県に次ぐ第3位。面積から考えても、埼玉は非常に市町村の多い県といえる。その要因は、他の都道府県と比較して合併があまり行われなかったためだ。わが国では1999年から2010年にかけて、政府主導による市町村の合体と編入が進められた。1999年の時点では3232あった市町村が、2014年には1718まで減少。約47％の減少となったわけだが、平成の大合併において、埼玉県では92あったものが63。約32％の減少にとどまった。もっと市町村数が減るはずだったのだが、住民投票の結果によって白紙撤回された計画も少なくなかった。このようなことからも、埼玉県民がそれぞれの街に強い愛着を抱いていることがよく分かる。

埼玉県民は郷土愛がないわけではないのだ。むしろそれぞれの街への愛着が強すぎるあまり、埼玉県に愛着が湧いていないのだ。なぜ街への愛着の強さが埼玉県全体になると薄れてしまうのか。これは埼玉の交通事情が関係している。埼玉はとにかく、横へのアクセスが著しく悪いのだ。京浜東北線、宇都宮線、高崎線、埼京線、東武東上線、西武池袋線などなど。縦に移動する路線はこれでもかとばかりに充実している。そして、このほとんどが池袋に大集合するのだ。映画『翔んで埼玉』では、池袋東口にある居酒屋バッカスが埼玉県民のアジトとして登場する。埼玉県全土から人が集まるとき、最もアクセスが良いのは大宮でも浦和でもなく、池袋なのだ。池袋が埼玉の首都だと言われるゆえんである。

一方で、横への移動は武蔵野線、川越線、秩父鉄道くらいのもの。路線数自体も少ないうえに、いずれも運行本数が少ない路線だ。大宮で暮らすぼくらが東武東上線や西武池袋線に乗る機会はほとんどない。反対に西武池袋線の沿線で暮らす埼玉県民もまた、高崎線や宇都宮線を利用する機会はほとんどないだろう。こうした鉄道事情もあり、埼玉は県内同士の繋がりが極めて希薄なのだ。所沢からは大宮よりも池袋のほうが断然近いし、三郷からは大宮よりも秋葉原のほうがはるかに行きやすい。この事情が、県全体への愛着を薄れさせているように思えてならない。

◉埼玉ほど居心地の良いところなどない

とはいえ、皆地元は大好きなのだ。武州だるまの越谷市民はレイクタウンを誇り、三郷市民はららぽーとに胸を張る。埼玉県にはあまり帰属意識がないはずなのに「埼玉には何もない」と言われると、途端に埼玉県をアピールし始めるのだ。あまりにも名物がなさすぎて、ご当地キティがただのダジャレになってしまうような土地である。埼玉県には決して自慢するほどの個性はないのかもしれない。しかし、埼玉県にいれば大抵のものは揃う。県内は、ほどよく都会でほどよく田舎。ショッピングモールも歓楽街も、タワマンも閑静な住宅街もある。そして大都市東京も、北関東や甲信越の大自然も股にかける好立地。そして何よりも、肩ひじ張らずに等身大で生活できる居心地の良さこそが、埼玉の最大の魅力だ。

どんなに他県民からバカにされようとも、そんな埼玉が僕たちは大好きだ。

埼玉に南部はなく、秩父がある。

屋下えま

本書を制作するにあたり、OWL magazine編集部内ではいろいろな話題で盛り上がりました。そのときに強く感じたのは、埼玉に地縁がある人同士でも、県内の地域や路線図に関して、違う印象をもっているんだなということでした。

私にも心当たりがあります。以前、東京の西の端の街の一つである八王子市の高尾に住んでいたころ、東京の東半分である23区に住む友人たちは、私の街を「地の果て」くらいに思っていたようでした。「高尾山イコール小学校の遠足で行くところ」しか記憶になくて、東京都の地図のどのあたりに八王子があるのか、正確にわかっている人ばかりではなかったように思います。

私だって、東京の東側はまったく未知の世界でしたし、まあみんなそんなもんなのです。同じ都道府県内でも、ちょっと離れた街については、あまり興味がなかったり、知る機会や身近に感じる機会がなかったりするのではないでしょうか。

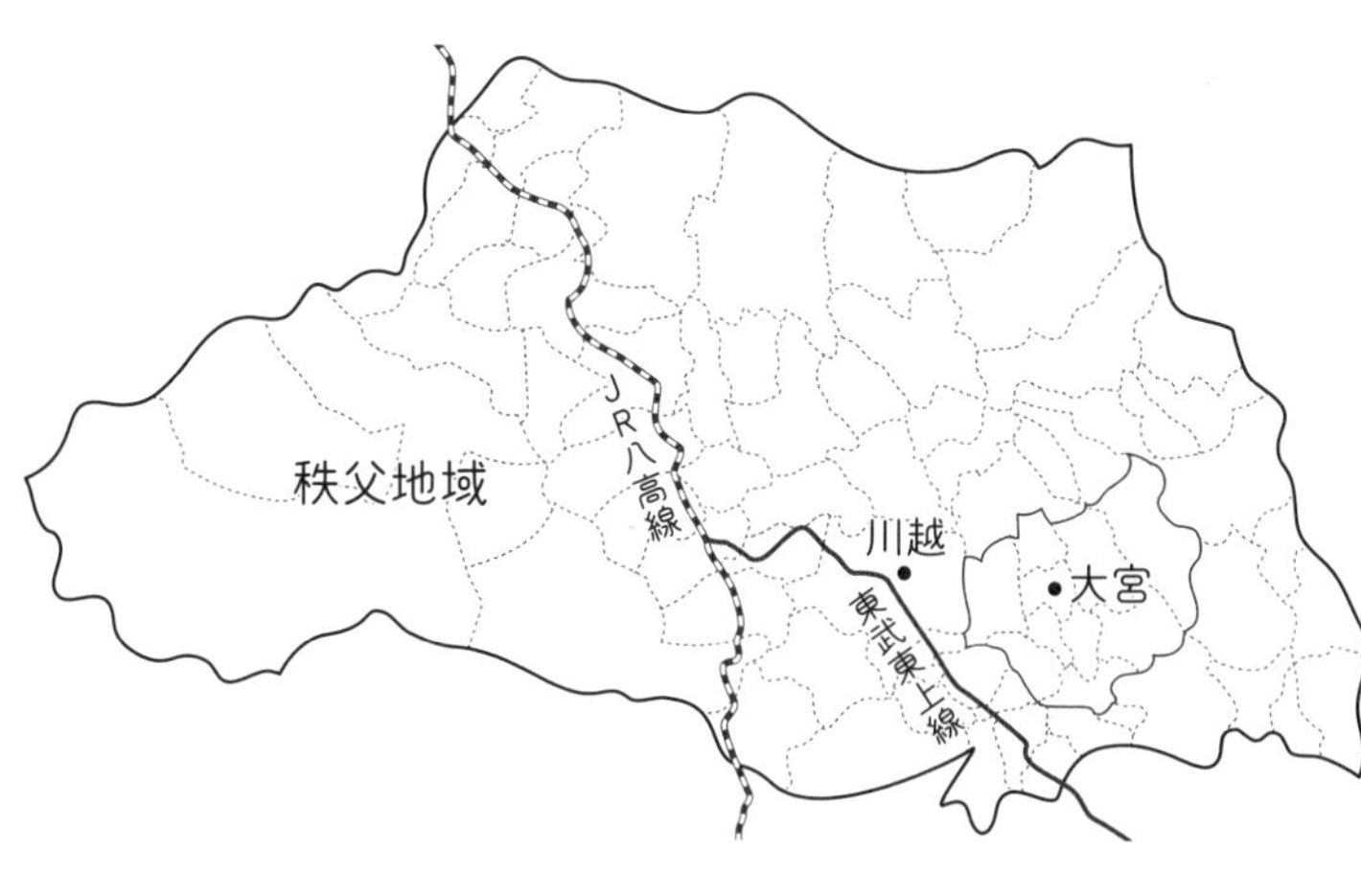

埼玉県庁のホームページ内で一番大雑把に分けられている地域地図によると、埼玉県は大きく5つの地域に分けられるそうです。

さいたま市を中心とした「中央地域」、春日部・越谷などからなる「東部地域」、川越・所沢などからなる「西部地域」、熊谷・深谷などからなる「北部地域」、そして最後に南部地域ではなく「秩父地域」なのです。南部より秩父。秩父の存在感すごい。

もう少し細かい別の地域分類では、中央地域の南側を「南部地域」としている場合もありましたが、南部がなく秩父があるというセンテンスは最高にキャッチーで、私の心はぐっと秩父に掴まれています。秩父の存在感すごい。

さておき、路線図の話。前項で大宮けんさんは、埼玉県は池袋が始まりの駅で、縦（南北）の線が強く、横（東西）の線が弱いということを書いています。よくわかる。しかし縦の線として挙げられている路線をみて、激しく動揺してしまいました。私の現住所の最寄り駅がある東武東上線が縦の線になっている！　東上線は横じゃないの??　慌ててgoogle mapを開きます。すると驚くことに、地図上で東武東上線はナナメの線だったのです。ナナメなのになぜ横の線だと思い込んでいたのでしょうか。

紐解くためにまず、私にとって横の線といえばどの路線なのかについて考えてみました。まずは西武池袋線。東京に仮所属する池袋から「ムーミン谷」飯能を通り、秩父にいたる道。これは地図上ではナナメ横くらいの感じです。次に西武新宿線。西武新宿駅から「埼玉西武ライオンズ」所沢を経由し、川越方面に至る路線です。私は横と信じこんでいたのですが、地図上では「東京都内は横、埼玉県内は縦」でした。自分に親しいエリアがどこであるかによって印象が90度違うだなんて！　最後に東武東上線。地図上では圧倒的ナナメなのですが、私にとってはなんとなく横の線だという印象をもっていました。

余談ですが、川越は埼玉西部から大宮へ向かう優秀なアクセスポイントなので、大宮以北に行く際に、池袋経由でなく川越経由で向かうことも多いそうです。ただし、「小江戸」川越経由で時短を図るよりも、「大都会」池袋に寄り道したくって池袋を経由することも多々あるとのこと。池袋にはわれらが聖地、スポーツ居酒屋バッカスもあるのでつい経由してしまうのはしょうがないと思います。

さらに、どの線が縦でどの線が横だと感じているのかについて、埼玉県や埼玉県に近いエリアに住む人たちに会うたびに質問していくと、興味深い結果が浮かんできました。池袋から大宮に至るＪＲ埼京線、大宮以北のＪＲ高崎線、ＪＲ宇都宮線に関しては、縦の線であるということで満場一致なようですが、高崎線・宇都宮線ユーザーは東武東上線を縦（仲間）と感じていて、それはおそらく東武東上線と高崎線が地図上で平行っぽく走っているからではないかと考えました。縦の線に平行だから縦、という論です。対して、地図でいうところの「西部地域」に近いエリアの人たちに横だと感じている人が多く見受けられました。

もう一度地図をじっくり眺めます。そしてひらめいたのです。

われわれ西の民にとって、秩父に至る道こそが横の道であると！

秩父は埼玉の西の砦。忘れられがちなのですが、秩父地域とそれ以外を隔てるように走るＪＲ八高線というパーフェクト縦路線が存在します。八王子と群馬の高崎を結ぶ路線です。だから、八高線にアクセスする電車はすべて横だと感じていた気がします。縦にぶつかるように接続するものは横である、という論です。秩父の存在感やっぱりすごい。

こんなふうに、同じ県内の地域や路線に関してすら、打ち上げ花火と同様にどこから見るかで感じ方が違うのです。大宮から見渡すか、浦和から見渡すか、熊谷から見渡すか、秩父から見渡すか、はたまた埼玉県と長い県境を持つ東京から見渡すか。きっとそのすべての見方に違った魅力があるのです。

埼玉県の南のラインと東京都の北のラインは東西に伸びて、マカロンの上と下ぐらいぴったりくっついているのに、東京に住む私は埼玉県のことをほんのちょっとしか知りません。でも、地図や路線図を眺めただけで、秩父について興味がぐんと湧いてきました。

東京のラスボス、すなわち最後の砦を高尾の天狗様だとすれば、埼玉のラスボスは秩父三峰のお犬様。少し遠くまで行ける時期がきたら、きっと特急に乗ってお犬様に会いに秩父を訪れてしまうんだろうな。

〝あなたにとってあなたの街が素敵であるのと同じく、隣の街にも、遠くの街にもそこを愛する人が住んでいる〟

そんなふうに考えながら旅して、新しい街で何かと出会って、私の大好きな街が日本に世界に少しずつ増えていきます。

サッカーを通してそういう街が増えていくの、やっぱり楽しいですよね。

かるたをかたる　②さいたま郷土かるた

コバトンはどこから来たのか

矢島かよ

「はばたけシラコバト県の鳥」

読手が「は」の音を発した瞬間に、あらかじめ場所を覚えておいた、青い空に白い羽を広げて飛ぶ白い鳩の絵札目掛けて手を伸ばす。埼玉県で幼少期を過ごした人ならたいていは経験したことがあるだろう「さいたま郷土かるた」だ。「小学校のとき授業でやった」という人もいるが、私の場合、学校行事ではなく、地域行事としてのかるた大会に参加した記憶がある。公民館に集まり地区ごとや学年ごとの団体、あるいは個人で競う。１枚１点とし、ポイントを多く取った方が勝ちとなる。個人戦、団体戦ともに、同枚数だった場合は「け」の札を取ったほうが勝ちとなる。このかるたは２００２年に大幅改定され、現在は「彩の国21世紀郷土かるた」としていまも県内の子どもたちに親しまれている。

「県の旗 まがたま十六 心の輪」

赤い勾玉が16個円形に並んでいる「埼玉県章」を読んだ札である。この札のおかげで、埼玉県のマークには、数えずとも勾玉は16個あると知っていた。

また、団体戦の場合「シンボル札」と「3人札」という「やく札」があり、それぞれ3枚の札が指定されている。3枚揃えると合計点に10点がプラスされる。冒頭の「はばたけシラコバト 県の鳥」はシンボル札の中の1枚だ。

その他は「空高く のびよ埼玉 ケヤキの木」と「を」の札の「埼玉を かざる県花は サクラソウ」の2枚で、ケヤキは県の木に指定されている。勾玉の数に加え、県の鳥も、県の木も、県の花も私にとっては「かるたで知った知識」である。

3人札は「重忠の 面影のこす やかた跡」「日本の 産業育てた 渋沢翁」「見えずとも 心で学ぶ 塙保己一」の3枚で、埼玉県出身の偉人の札だ。「渋沢翁」とは、2021年のNHK大河ドラマ「青天を衝け」の主人公であり、2024年から採用される予定の新一万円札に描かれる、渋沢栄一のことだ。かるたには熱心だったが、歴史系の勉強がめっぽう苦手な私にとって「しぶさわおう」が誰なのか、何をした人なのかを知らないまま大人になってしまった。そのため「渋沢翁」と「渋沢栄一」が同一人物だと知ったのはだいぶ後のことで「しぶさわおう」という名前の王様がいたのだと思っていた。これは他の読み札にも共通することで、たとえば「宝蔵寺沼　ムジナモ　国の記念物」は「宝蔵寺沼&ムジナ」が国の天然記念物だと思っていたし「雄大な流れが光る　坂東太郎」は「坂東太郎」という名前のキラキラしたおじさんだと思っていた。

◉かるたで知る名産品

名産品に関するものなど、子どもにもわかりやすい札もあった。

周囲を茶畑で囲まれた街で育った私にとって「狭山湖を　香りでつつむ　茶の畑」は一番身近に感じられた札だ。茶摘みの時期のあの良いかおりを思い出せる絵札だったのを覚えている。

深谷市がネギで有名だということは、このかるたで知った。「土の香に　ふるさとの味　深谷ねぎ」という札で、収穫したばかりのネギを持った手がインパクトのある絵札だった。

「草加宿　今に伝わる　手焼きせんべい」という札では、草加市の存在と、草加ではせんべいが有名だということを知った。これは「ん」の札なのだが「そ」から始まるためにシンボル札の「そ」と間違えて取る人が多かった。

「子どもの日　大空泳ぐ　加須の鯉」や「姉さんの　幼い思い出　ひな人形」なども、子どもにはなじみのあるものだったためすんなり入ってきた札だ。

◉埼玉県のマスコット登場

話を冒頭に戻す。

「はばたけシラコバト 県の鳥」という札で知った県の鳥、シラコバト。名前からもわかるように、白い色をしたハトだ。絵札にも白いハトが描かれている。実際、街中で見かけるのはキジバトやカワラバトであることが多く、シラコバトは見たことがないように思う。ただ、このかるたがあったおかげで、シラコバトのことは頭の片隅にずっと記憶していた。

2004年、埼玉県で開催された「彩の国まごころ国体」の大会マスコットとして「コバトン」が登場した。初めてこのコバトンを見たとき、鳥であることはわかったのだが、これがシラコバトだと認識することはできなかった。なんせ色が薄紫なのだ。シラコバトは白いものだと思っていたので困惑した。いまでも少し困惑している。コバトンはその後、2005年より県のマスコットとなり、2014年より県の特命宣伝部長となった。さらに同年「さいたまっち」なる新しいマスコットが誕生した。お腹に赤と黒の縞模様がある、こちらも薄紫色の鳥だ。どうやらさいたまっちもシラコバトがモチーフのようだ。コバトン、さいたまっちともに、埼スタやNACK5など、さまざまなスタジアムへ応援に駆けつけている。見かけた際には「薄紫色だけど、埼玉県の鳥、シラコバトがモチーフなんだな」ということを思い出してくれたら嬉しい。

知られざる川越ダービー
COEDO KAWAGOE F.C対さつまいーも川越

中村慎太郎

◉Ｊ１から数えて11部のリーグ

埼玉県へのサッカー旅を企画したのだが、大宮と浦和にどうしても偏ってしまう。川越あたりにサッカークラブはないだろうかと思って調べてみると、COEDO KAWAGOE F.Cというクラブがあることがわかった。地域リーグも含めて日本国内のサッカーについては注意を払ってきたつもりだが、このクラブは知らなかった。

どうやら、昨年にあたる２０２０年の９月にできたばかりのクラブで、所属リーグは川越市リーグ２部。社会人サッカーの公式戦における最も深いところに位置するリーグということになる。Ｊ１を１部リーグとした場合、Ｊ２、Ｊ３、ＪＦＬ、関東１部、同２部、埼玉県１部、同２部、同３部、川越市１部、同２部なので、11番目のリーグ、つまり「Ｊ11」とみなすこともできる。

COEDO KAWAGOEは、生まれたての段階から「Jリーグ入り」を標榜していて、最初から地元川越のクラフトビールブランド「COEDO」をスポンサーに迎えている。サッカークラブを運営していくうえで、スポンサーを確保することは非常に重要であるが、COEDO KAWAGOEは生まれた瞬間に、最大の課題をクリアしているということになる。あとはもう一つの課題がクリアできれば――。

試合の開催予定をみてみると、6月6日にさつまいーも川越との公式戦が行われることがわかった。

さつまいーも川越?!

名前に一目惚れである。名産品のさつまいもを、「さつまいーも」にしただけでこんなにも魅惑的な名前になるとは!! よし、さつまいーも川越を見に行こう。

◉東京から北西へ

川越に行ったことがないのでどう乗り継ぐのかわからなかったのだが、ルートはともかくキックオフ時間が問題であった。プロサッカーの場合には、アウェイ観戦に訪れるサポーターやテレビ中継の時間などを考慮してキックオフ時間は13時以降に設定されることがほとんどである。しかし、この試合のキックオフは9時半!!　しかも試合の開催場所は、東武東上線川越駅から車で8㎞以上離れた安比奈親水公園である。今回は旅の仲間が二人いるので川越駅からタクシーにしたが、タクシー料金は1㎞あたり約400円なので3200円くらいかかる計算である。というわけで9時半のキックオフに間に合うよう、朝7時に家を出て、一路川越へ。

乗り越しの恐怖に怯えながらも何とか川越駅に到着すると、とても明るくて華やかな駅であった。さすが観光地である。キヨスクには、川越おいもサブレなどのお土産品が並び、駅の装飾も非常に華やか。駅に隣接したスターバックスコーヒーに入ると、駅前のタクシー乗り場を見下ろせるようになっていたのだが、真っ黒のタクシーしかいない大宮とは異なり、白、緑、青のタクシーなどもあってカラフルである。

◉安比奈親水公園に野鳥の声が響く

コーヒーを飲み終わるころにはコンサドーレ札幌サポのつじーとキャプテンさかまきが到着し、タクシーに乗って安比奈親水公園を目指す。目的地と思われる場所でタクシーを降りたものの、目の前はただの土のグラウンドであった。芝生ではなく人工芝でもなく雑草でもなく土である。

よくみるとサッカーゴールがあったのでここなのだろうと思うのだが、申し訳程度のベンチがあるだけであとはただのグラウンドである。試合開始まで1時間なのだが選手らしき人は誰もいない。本当にここでやるのだろうか。とくにやることがないので、散策してみることにした。親水公園というだけあって、目の前には入間川が流れている。なだらかにカーブした浅い川で、釣り人が川の中まで入り込んでいる。

川沿いを散策していると野鳥の鳴き声が聞こえる。ヒバリ、ハクセキレイ、キジバト、オオヨシキリ。珍しい野鳥ではないが、四方八方から多重奏で聞こえてくるのでとても気持ちがいい。河原を吹き抜ける風を感じていると、つじーから音楽ユニット「キリンジ」が隣の坂戸市の出身だと教えてもらった。そういえば、高校生の時に聞いた名曲『風を撃て』はこのあたりの雰囲気にマッチしている。

進んでいくとゲートボール大会が行われていて、拡声器で大会の注意事項などを話している人がいる。のどかな風景である。そのあたりで折り返すと、サッカー選手も少しずつ集まっていた。COEDO KAWAGOEの選手は迷彩柄のユニフォームを揃えて、整然とウォームアップしている。一方で、さつまいーも川越は……。11人いない気がする……。キックオフまでもう

30分を切っている。大丈夫か、さつまいーも。

アップの風景を見ていると、COEDO KAWAGOEはしっかりと体をほぐしたあと個人練習をしていた。「3人以上のグループを作って練習していないので、プロよりも試合を想定していない感じがする。シュートも流れのなかからではなく、それぞれ自分の好きなように打っている」とつじーが言っていたのだが、このカテゴリーだと細かい連携にこだわるより個の力で突破する意識をつけるほうが有効なのかもしれない。一方のさつまいーもだが、11人いないのは相変わらずだが、キックが大きく芯を外していてゴスッという鈍い音がする。身体が切れていないどころかまだ寝起きのように見える選手もいる。大丈夫か、さつまいーも。

そんな状況において、さつまいーも川越の選手ばかりを見てしまう自分に気付いた。おいおい顔を洗ってから来てくれよというくらい寝ぼけまなこの選手もいるが、正確なボールタッチでボールを飛ばしながら体をほぐしている選手もいる。ボールタッチが頼りない選手もいる。

実はこの試合は、2連勝してきたクラブ同士の対戦で、もしかしたら川越市2部リーグの優勝をうらなう運命の決戦になるかもしれない。そう考えると、名実ともに「川越ダービー」といえるかもしれない。そんなことといったら、地域リーグはダービーだらけになってしまうではないかと思う方もいるかもしれないが、そのとおりなのである。

地域同士が競り合うから盛り上がりが作れる。そのなかで突き抜けて強いチームが全国リーグに進む。各地域を代表する強豪同士の戦いだから全国リーグも盛り上がる。これが本来あるべき順序なのだろうと思う。一方で、Jリーグの場合は最初に全国リーグができて、だんだんと地域リーグが増えてきたことから、逆の順序を辿っているともいえる。どちらが正しいのかという議論に意味はないが、地域のクラブ同士が戦うということの意義深さに変わりはない。

ダービーというと、地域の対立構造ばかりに注目することになってしまうのだが、とくに対立はしていなくても隣近所のチームとの対戦には特別な親密さが漂う。一方で、まったく関係のない遠方のチームとの対戦にも格別の緊張感がある。このあたりは部活でスポーツをしていた人には実感が湧くのではないだろうか。

COEDO KAWAGOEは10年後にはJリーグクラブになっているかもしれない。あるいは、資金繰りに失敗して没落し、逆にさつまいーも川越がJリーグを戦う日が来るかもしれない。あるいは、両チームとも昇格せず、ずっと川越リーグで戦うことになるかもしれない。どうなるかはわからないし、どういう未来が望ましいのかもわからない。ぼくに地域リーグの魅力を教えてくれた師匠、ホンダロックSCサポーターのロック総統は「いまそこにあるサッカーを愛せ!!」と言い続けた。どうなるかはわからないし、どうでもいいことだ。この試合が楽しめるかどうかが大事なのだ。

◉11部の川越ダービーがはじまる

というわけでキックオフ。さつまいーもは何とか11人揃ったようだ。頑張ったぞ、さつまいーも。都道府県リーグのカテゴリーでも11人揃わないことはある。皮肉でも何でもなく11人揃えるのは凄いことなのだ。

さて、試合の展開である。COEDOは、ディフェンスからボールを回して組み立てようとしている。しかし、うまくディフェンスを引き出せず、崩せずにいた。さつまいーもは、中央に強い選手を揃えて、がっちりと固めている。個の力で勝っているCOEDOも、これだけ隙間がないところを切り崩していくのは難しいようだ。試合をコントロールするCOEDOと、耐えるさつまいーもという構造になった。

COEDOにあきらかに規格外の選手がいた。ディフェンスを束ねる古谷優気選手である。さつまいーもが前線にパスを送っても、古谷選手が立ちはだかりすべての攻撃をストップする。そして、古谷選手がボールを持つと、さつまいーも側は奪取は不可能であり、プレッシャーをかけることすらできない。そのうえで、正確無比な組み立てでチームを強力にバックアップしている。選手としての格が違うなと思って調べてみたら、大宮アルディージャのジュニアユース、ユースに所属していた選手で、２０１５年には日本クラブユース選手権（U-18）大会にも出場していたのそうだ。

大宮のトップチームでもプレーしている黒川淳史選手、奥抜侃志選手、藤沼拓夢選手、加藤有輝選手（現・ギラヴァンツ北九州に期限付き移籍）などとともに準優勝したメンバーである。漫画『アオアシ』（小学館）を読んでいただくとわかるのだが、ユースでプレーして、しかも勝ち抜いていくのは選ばれし者だけである（ちなみに、『アオアシ』の原作者である上野直彦さんは、サッカー新聞エル・ゴラッソで大宮アルディージャを担当していた）。ユースの厳しい戦いを勝ち抜いたスーパーエリートではあったのだが、トップチームには昇格できず、大学へと進んだ。

古谷選手が立正大学サッカー部の引退間際に書いたnoteの記事が残っていた。＊2

「もう引退まであと2ヶ月もありません。この先は就職するので本気でサッカーをする機会はないと思います。今になってやりたくてやりたくてたまりません。」

本気でサッカーをする機会がなかったはずの古谷選手が、どうしてCOEDOに辿り着いたのかは、OWL magazineが誇るインタビュアー五十嵐メイにいつか取材してもらうとして、

＊2　自分にとってのサッカー
https://note.com/risoccer/n/n3c27583ffd55
立正大学体育会サッカー部：note

われわれは目の前のサッカーを楽しもう。

古谷選手だけではなくCOEDO KAWAGOEには面白い背景をもつ選手が多い。そのなかでも目立つのが10番を背負う瓜谷紫選手。さいたまSCからマルタのSt.Geoges FCに移籍した後、COEDOに加入している。もう一人、金山俊介選手もマルタのクラブから移籍してきている。

そんな話を3人でしているうちに、COEDOの背番号4、立石爽志選手の個人技突破から、CKのチャンスを得る。鉄壁を誇ったさつまいーものディフェンスラインに綻びはできていなかったのだが、少し慣れてきたのかもしれない。ちなみにこの立石選手も大宮アルディージャユース出身で、古谷選手のチームメイトであったようだ。

このCKを偶然なのか、狙ったのかはわからないが、マルタ帰りの瓜谷選手が直接決めて、ついにCOEDOがリードを奪った。

COEDOの選手たちから笑顔が漏れる。結果から見ると前半のうちに先制するという順調な展開なのだが、さつまいーもの壁にはずっと手こずっていたのだ。ただ、ここで弛緩して油断すると逆転されるかもしれない。そう思ったとき、GKの選手が怒号を飛ばして引き締めていた。こういうシーンを見るとCOEDOはいいチームだなと感じる。

そして、COEDOの金山選手のヘッドから、瓜谷選手がシュートを決めて、0対2と突き放した。マルタ帰りのパスをマルタ帰りが決めるという珍事に思わず顔がほころぶ。

そのままハーフタイムへ。周囲ではCOEDOの関係者やサポーターらしき人たちが観戦していた。そのなかで、COEDOの白いホームユニフォームを着込んで応援している麗かなご婦人がいたので話しかけてみた。

「実は、これまでサッカーはまったく見ていませんでした。正直オフサイドもよくわからないです。それでもCOEDOの試合を観るのは楽しいです。サッカーを観るとワクワクします。仕事のストレスが吹き飛びます!!」

本書『すたすたぐるぐる』の趣旨を代弁してくれるかのようなコメントをいただき、またしても顔がほころぶ。細かいことはわからなくてもいい。試合を観に行くことが楽しい。それだけでいいのだ。そして、気軽に通うためには近所であることが望ましく、地元の名前を冠したチームのほうが愛情を寄せやすい。実はとてもシンプルな話なのである。

COEDOはビジネス先行で作った急造チームなのかなという先入観があったのだが、ビジネス面だけではなく、地域の巻き込みという大きな課題にも最初から手をつけているようだ。このクラブはうまくいきそうだ。午前9時半キックオフの試合にもかかわらず、グラウンドには約40名もの人が駆けつけているのだから。

さて、後半が始まる。とはいっても、さつまいーもはすでに策がない。前線も必死でボールを追うのだが、COEDOのディフェンス陣を攻略するのは不可能に近かった。ドリブルはできない。縦に抜け出す駆け引きもできない。スペースにボールが転がっても走力で負ける。セットプレーからハイボールが出てもヘディングの競り合いに勝てない。

そんな状況なので、つねにCOEDOが攻め続けていたのだが、主力が交代した後はCOEDOの攻撃も咬み合わなくなってきた。落ち着かない展開が続くが、さつまいーもは気持ちを切らすことなく、最後まで身体を張って守り続けた。キックオフの笛が吹かれ、選手たちが挨拶に訪れると実に清々しい空気が漂っていた。いい試合を見ることができた。

◉廃線跡と武蔵野うどん

試合が終わってもまだ午前11時前である。われわれは川越を観光することにした。キャプテンさかまきが「廃線になった西武鉄道の跡があるので見に行きたいです」と言うの徒歩で向かうことにする。橋を渡ったあたりで、森の中にそれらしきものを見つける。キャプテンさかまきは感心していたようだが、ぼくはその近くを歩いていたキジのほうが気になってそっちばかり見ていた。

少し歩くと「武蔵野うどん山崎製麺所竹國」というお店を見つけることができた。この先いくら歩いても飲食店はなさそうなのと、驚くべきことに850円で食べ放題であったので、ここで食べていくことにした。うどんの麺、天ぷら、ご飯、漬け物が食べ放題なのである。要するに汁以外は食べ放題なのだ。

天ぷらは、しめじ、うずらのたまご、なす、ピーマン、かぼちゃ、かにかま、ちくわ、さつまいーもの8種。ご飯に天丼のタレまである。何という大盤振る舞いであろうか。とてもじゃないが良い立地とはいえないところにあったのだが、店内は満員で、少し並んでいた。

ぼくは、「冷汁うどん」と最後まで悩んだのだが「肉汁うどん」を注文した。というわけでまずは天ぷら各種を確保して席に戻り、麺をすすると、これがうまい。素手で引きちぎったかのような荒ぶる太麺に汁がよくからむ。汁は、適度な酸味で食欲を刺激してくれる。なんだか懐かしい味だ。少し考えると、随分前に他界した茨城出身の祖父がたまに作ってくれたけんちん汁の味に似ている気がする。具材の味も鮮烈で、肉と甘いたまねぎ、そして、油揚げであった。

うどんの合間に天ぷらを嚙る。よくあるチェーンのうどん店では、天ぷらは一つ一つオプション料金がかかるので、割高に感じてあまり注文しない。しかし、このシステムだといくらでも食べられる。うどんをすすり、天ぷらを嚙り、うどんをすすり、天ぷらを嚙る。そして最後の一口はデザートも兼ねてさつまいーもの天ぷらである。大満足の食事であった。

◉旧市街とCOEDOビール

食べ終わると、西武新宿線の南大塚駅まですたすたと歩き、一駅電車に乗って本川越駅へと移動した。3人で旧市街をぐるぐるとまわる。川越城跡の軒下で歩き疲れた足を休め、さらに歩いて大正浪漫夢通りに戻り「シマノコーヒー大正館」というレトロな喫茶店で珈琲をいただく。ぼくはモカマタリを注文。Jリーグのチャントにもよく使われる名曲「コーヒールンバ」にも登場する素敵な飲み物である。

つじー、キャプテンさかまきと別れた後は、何もすることがなくなった。一人で川越に泊まることにしたのだが、コロナ禍ということもあってとくにすることがないのだ。唯一みつけたのが、スーパーでCOEDOビールを買い込んでホテルで飲むという楽しみで、浦和でも同じことをしたなと思いつつ、川越では「紅赤(べにあか)」と「漆黒」という銘柄を購入した。

「紅赤」はさつまいーもから作られたエールビールとのことなのだが、そもそも紅赤という品種のさつまいーもがある。川越市で盛んに作られている品種であり、これを利用して作ったビールが「紅赤」なのだそうだ。ちなみに、120年前に突然変異で発生した紅赤を発見したのは、北浦和の主婦、山田いちさんだそうだ。

さて飲もう。さつまいーものビールということで甘い味わいを想像していたせいか、一口飲んでも口の中に何も残らなかった。浦和で飲んだ「伽羅」や「鞠花」は、一口目から鮮烈なアロマ香が襲ってきたのだが、「紅赤」はまったりとした味わいの、刺激の弱いビールだと感じた。と思ったのもつかの間、のんびり飲んでいると、ゆっくり幸せがやってきた。じんわりと甘みが湧き上がってくる。これは酒飲み向けのビールだ。クラシックの名曲『ボレロ』のようにクライマックスに向けて徐々に盛り上がっていくビールである。

次は「漆黒」。読んで字の如く、ジャパニーズ黒ビールである。定番のギネススタウトのように、最初からガツンと重いビールなのかなと思って飲むと、飲み口が軽いことに驚く。黒ビール独特の濃厚な香りが喉に落ちた後も、口の中に漂う。上質なチョコレートを食べ終わった後のような幸せな余韻があって、このビールもとてもおいしい。

◉川越の鰻と趣味の良いカフェ

川越の朝、どこへ行こうかと途方に暮れる。とりあえず鰻を食べよう。まだ行っていない旧跡などはあるものの、旧市街は一度行けば十分である。確かに日帰りの観光地だなと感じる。

昼は鰻にしよう。「いちのや」という老舗を選んだのが、どこかで聞いた名前だと思ったら、渋谷から神泉に抜けたところにも「いちのや」という鰻屋さんがあった。どうやら系列店らしい。どうして知っているのかというと、タクシーでお客さんをお送りしたことがあるからだ。調べると西麻布にもお店を出しているようだ。

さて、「いちのや」では、鰻かばやきのコースを注文することにした。7700円と少々高いが、他に使う予定もないのでいいとしよう。ノンアルコールビールを注文すると鰻の骨せんべいと一緒にもってきてくれた。うなぎの骨は味気がなく、そこそこに堅いので囓るのが面倒なのだが、食べているうちにうまくなってきて止まらなくなる。次はお造りだが、こちらは割愛。

お次は肝焼き。そういえば、食べたことがなかったので楽しみだ。齧りつくと非常にワイルドな味で、タレの香りがブワッと体に侵入してくる。肝の苦みがうっすら感じられるが、後味はさわやか。後味については、良質の脂質がついているかどうかの問題なので鰻の個体によっても変わってきそうだ。

次は「う巻」。卵の鰻巻きではなく鰻の卵巻きである。箱をあけると濃厚な卵の香りが湧き上がってくる。ああ、そういえば、卵には香りがあったのだなと思う。卵だけ囓ってみると、出汁の旨味が感じられて卵だけでもおいしい。しかし、巻かれている鰻ごと噛みしめると、おいしさが異次元である。卵は脇役かと思いきや、卵と鰻のダブル主役の料理であった。タコや山芋などの梅肉和えをいただくと、次は肝吸い。塩分控えめで、爽やかな余韻が感じられる。奥ゆかしい味わいである。

そしてついに鰻重が訪れる。待ってました!! コース料理のメインとしての鰻の蒲焼きは初めてだ。さまざまな方向から味覚を刺激された後に食べる鰻重はひと味違った。「いちのや」の奥ゆかしく優しさが感じられる味つけとともに、これまで味わってきたものをすべて包み込んでくれる。幸福が溢れ出すかのような鰻重を夢中で食べると、後味が優しくとろける。ああ、食べ終わりたくないな、などと思いながら箸を進める。

お茶をいただきながら後味に浸っていると、イチゴのアイスが運ばれてきた。鰻重のあとにアイスを食べたのは初めてだが、爽やかな香りがとても良かった。

老舗で会計を済まし、初夏の日差しに照らされた川越で再び途方に暮れる。どこへ行こうか。とりあえず川越スカラ座のほうへと歩いて行くことにする。車がすれ違えないくらいの30㎞制限の路地を覗いてみると、「スカラ座」という看板が出ていた。映画館というと「館」の字面からある程度大きな建物を想像していたのだが、古びた銭湯のようなタイル張りの小さな建物であった。スカラ座の前には自転車が数台止まり、上映中の映画のポスターが貼ってあるショーケースの上部は、「上映中」の文字盤が剝がれて「上央」になっていた。

名作とは聞きながらも観たことがなかった『戦場のメリークリスマス』が気になったので観てみよう。内容はまったく知らない。ビートたけしと坂本龍一とデビット・ボウイという出演者を見ると、ただの馬鹿映画のようにも思えるが……。ただ、上映時間までだいぶ時間があるので、どこかで暇を潰さないといけない。

と思って少しだけ歩くと、「あぶり珈琲」というカフェがあった。「炙り」ではなく「abri」というフランス語で「隠れ家」を意味するのだそうだ。木のテーブルに木の机、そして黒板には手書きでメニューが書かれていて、書棚には乱雑に大判の本やら図鑑やらが置かれている。

ぼくは、キューバのクリスタルマウンテン浅煎りを注文した。スペシャリティコーヒーながら600円とリーズナブルである。「お茶をすするようにズズズ～っと飲んでみてください」という説明が書いてあったので、ズズイと飲んでみると、鮮烈な酸味が広がる。酸味というと刺激的な感じがするのだが、それよりは柑橘類を囓ったときの感覚に近い。鮮烈で、おいしいのである。後味は白湯のようにあっさりしているのだが、後からモヤモヤとコーヒーの香りが感じられてくる。

「あぶり珈琲」はのんびりとした雰囲気で、ドリンクのお代わりは250円引きとのことなので、何時間でも滞在していられる。次来るときはお気に入りの本でも持ってこよう。とはいってもビジネス書なんかは持ってきてはいけない。こういう場所では文化を摂取するのだ。

◉川越スカラ座エモーショナル

すっかり気持ちが落ちついたところで時間になったのでスカラ座へと向かう。チケットを買って映画館に入るのだが、この映画館が実にいい。若者言葉でいうエモいである。エモというのはemotionalという英語で、元々の意味は、心が動いて泣きたくなるような強い感情のことを指す。

入場券の半券を受け取って中へと入っていく。入場券には、通し番号と「せんめり」という4文字が刻印されている。中に入ると少し散らかっていて、まるで実家のような懐かしさをおぼえる。防音加工が施されている厚いドアを抜けると、100人ほどは座れるくらいの映画館になっていた。

スクリーンには、映画の予告なのだろうか何か映っているのだが、館内が明るくよく見えない。そして、音もほぼ聞こえない。ゴーッという換気扇の轟音にかき消されてしまうためだ。こんなに換気扇の音を意識する場所も珍しい。レトロな雰囲気はいいのだが、ここでちゃんと映画が観られるのだろうか。と思っていると、換気扇の音が止まった。そしてブーっというブザーが鳴り、映画が始まった。

「せんめり」は古い映画だし、よく意味がわからなかった。とくに話の主筋である、ビートたけしが演じるハラと、捕虜になったアメリカ人ロレンスとの奇妙な友情については、うまく理解できなかった。ぼくはこの映画の8割くらいは意味がわからなかったように思う。ビートたけしのモゴモゴしたしゃべり方にも慣れなかったし、話の趣旨である戦場でクリスマスを迎えるシーンも、なんでハラがにやつきながら酒を飲んでいるのかすらわからなかった。

しかし、スカラ座の雰囲気と「せんめり」の圧倒的な迫力に呑み込まれていった。意味はわからなかった。でも、ぼくは確かに戦場にいた。熱帯雨林の暑さも感じられ、銃声や暴力で骨がきしむ音も聞こえた。そして、映画はクライマックスへ。

Sake is wonderful.

Thank you. Father Christmas.

Merry Christmas, Mr. Lawrence!

フィナーレと同時に鳴り響く音楽。戦場のメリークリスマス。映画に使われているのはピアノ曲ではなく、少し調子のはずれた鉄琴のような楽器が主旋律を奏でていた。そして、流れるスタッフロールを見ながら涙が止まらなくなった。何に泣いているのかはよくわからない。悲しいわけでもない。感動しているわけでもないのだろう。ただただ、泣いた。意味もわからず泣いていた。

音楽が終わると、唐突に電気がついた。身体にはじとっとうすく汗をかいている。換気扇が轟音を立てて回り始める。戦場から帰ってきたようだ。出口へと向かうとパンフレットがどうしても欲しくなったので購入した。受付のお姉さんはすごく映画が好きな方のようで、しばらく何人かで雑談していた。

ぼくが「1つも意味がわからなかったけど凄かった」と言うと、少し変な顔をされてしまったのだが、「とてつもなく凄い映画」という点では全員意見が一致した。路地に出ると、また別の人が話しかけてきて、映画の感想を言い合った。

映画を見た後に、知らない人と映画の感想を言い合うような場所があるなんて——。マジックアワーの川越の街は、スカラ座を照らす。その光景をみると、この小さな古い映画館が自慢げに胸を張っているようにも思えた。

川越の街を気持ちのいい風が吹き抜けていく。ビールが飲みたくなったのだが、コロナ禍なのでお店はやっていない。と思ったら、「伊勢一酒店」という昔ながらの酒屋さんがあったのでCOEDOビールの瑠璃を購入した。

◉初夏の川越からメリークリスマス

夕暮れ迫るなか、裏路地にあるガードレールに腰掛けて、『せんめり』のパンフレットを広げながらビールを飲む。瑠璃は、一番よく見る銘柄で、普段飲む機会の多い黄金色のピルスナーである。瑠璃は誰が飲んでもおいしいバランスの取れた味わいである。

飲み終わって酒瓶を返しに酒屋さんに向かうとシャッターが閉まっていた。おじさん、「ゴミはお店に持ってきてくれたらいいよ」って言ってたじゃないか!! でもまぁいいや。せっかくの記念なのでこの瓶も持ち帰ろう。駅まで向かい、PePeが見えてくると旅の終わりも近づいてきた。

本企画の制作・執筆にかかわる矢島かよさんから、帰り道は「レッドアロー号」に乗ってくれという要望を受けた。本川越駅から、狭山市駅、所沢駅を通って、西武新宿駅へと辿り着く特急である。手前の高田馬場で降りると帰り道もシンプルなので、これで帰ることにしよう。

30分刻みで運行される特急に乗り込む。レッドアロー号は、ちょっとスピードを出しすぎなんじゃないかと思うくらい、跳ねるように進んでいった。

流れる車窓を眺めながらも、頭の中には戦場のメリークリスマスの音楽が流れていた。ラストシーンの「メリークリスマス、ミスターローレンス」という言葉は名言である。いや、単にクリスマスおめでとうと伝えているだけなので、それだけでは名言ではない。言葉を発した人と、言葉を受ける人の間にある複雑な思いをすべて飲み込んでいるからこそ、含蓄の深い言葉になっているのだろう。本当のことは、当事者しかわからない。

いまはすぐに情報が手に入る時代だ。だから、ちょっと調べるとなんでもわかったような気になってしまう。だけど、調べるだけでは駄目なのだ。それでは当事者になれないからだ。その土地に行ってみて、その土地でしか見られない風景を見て、その土地のものを食べる。そして、われわれの場合は、その土地のサッカーを見る。そうすることで、ほんの少しだけその土地の一部になれたような気がする。その街で生きている人たちの気持ちがわかるような気がする。それが、ぼくにとっての旅なのだ。

埼玉県へのサッカー旅なんて何のネタもないし面白くなるはずがないだろうと言う人もいた。大宮も浦和も川越も、ただの住宅街だから書くことがないという意見もあった。

けど、旅をしてみると、大宮も浦和も川越も個性あふれる街だった。その街にしかないものがあった。旅するだけの価値は十分にあったし、また訪れたいと思える街であった。

確かに埼玉県には派手なものはないかもしれない。しかし、街を静かに愛する人たちがたくさんいて、地元ながらの文化をこっそりと愛でている。埼玉には海がないし、ディズニーランドも、旅客機が発着する空港もない。だけど、ここには人がいて、生活があって、街への愛がある。

サッカーという競技は、生活する街への愛情を栄養にして、少しずつ育っていくのだ。

メリークリスマス　川越!!

メリークリスマス　さいたま!!

あとがき

中村慎太郎

『〝サッカー旅〟を食べ尽くせ！ すたすたぐるぐる 埼玉編』をお読みいただき、ありがとうございました。埼玉県のサッカー旅を扱った珍書といえる一冊ですが、本の性質上、網羅的にすべてを紹介し尽くすことはできませんでした。なので「〇〇が載っていない！」というご指摘はあると思います。

個人的には入間にも行っておきたかったし、熊谷もまったく扱えなかったので悔いが残ります。浦和では娘娘というラーメン屋に行きたかったし、鰻の食べ比べもしたかった。シラコバトも必死に探しましたが、大宮と浦和では見つけられそうにありませんでした。バードウォッチングの専門誌『BIRDER』にシラコバト探しのレポートが載っていたのですが、なかなか苦労している様子でした。

シラコバト探しはいつか埼玉編part2を出すときに書くことを誓いつつ、『すたすたぐるぐる』は次の目的地へと向かいます。47都道府県制覇というのは本当に大変で、毎年4つずつやったとしても12年かかる計算です。先日編集部で、最後の1つはどこになるのかという気の早い話題が出ましたが、まったく予想がつきません。イングランド編、ベルギー編、ブラジル編などの海外版もやりたいので、本当にいつになるやらですね。

でも、それでいいのです。日本全国すたすたぐるぐるは、ミヒャエル・エンデの『はてしない物語』だからです。この物語のメインストーリーは、主人公のバスチアン少年が、幼心の君が支配する異世界「ファンタジーエン」に迷い込み、緑の肌族のアトレーユや幸いの竜フッフールなどとともに、世界を救うための大冒険をすることです。

でも実はもう1つ重大な構造があって、この物語は「群像劇」のような形式をとっています。バスチアンは、旅をするなかで個性的な人たち、生き物たちに出会います。たとえば、世界の危機を伝える使者、鬼火・豆小人・夜魔・岩喰い男が舞台に登場し、すぐに退場していきます。ただし、バスチアンと別れた後も、彼らの人生は続いていきます。別れた後、こんな言葉とともにメインストーリーのバスチアン視点へと戻っていきます。

「これは別の物語、いつかまた、別のときにはなすことにしよう」

ぼくは、バスチアンの冒険以外の脇役たちの冒険を想像して心をときめかせていました。サッカーにもメインストーリーがあります。それは、選手や監督など、競技をする人たちの物語です。彼ら、彼女らの人生は、ある程度知ることができます。一方で、サッカーには脇役がいます。能田達規先生の漫画『サッカーの憂鬱〜裏方イレブン』（実業之日本社）では、脇役の仕事や苦労にスポットライトが当てられています。

さて、本書は「観客視点のサッカー」を、それぞれの個性を生かしながら寄せ合って作っています。ファン・サポーターは華やかなサッカー界における消費者であり、顧客でもあります。主役か脇役かでいうと、まちがいなく脇役です。試合に出場するわけではないし、スポットライトが当たることも基本的にはありません。

そんなサポーターを主役に組み替えたのが、われわれOWL magazineです。サッカーを競技として考えた場合に主役となるのは選手と監督です。一方で、サッカーを地域に密着していく文化として考えた場合、主役はサポーターになります。どちらが正しいということではなく、どちらを主役にしてみてもサッカーは面白いということです。

Jリーグには百年構想という理念があります。

・あなたの町に、緑の芝生におおわれた広場やスポーツ施設をつくること。
・サッカーに限らず、あなたがやりたい競技を楽しめるスポーツクラブをつくること。

・「観る」「する」「参加する」。スポーツを通して世代を超えた触れ合いの輪を広げること。

Jリーグが目指すものの本質は、世界最強のサッカークラブを作ることでも、大金を稼げるビジネスを作り上げることでもありません。われわれの街にスポーツ施設ができて、自由にスポーツをしたり、観戦したり、スタッフなどとして参加したりできることを目指しています。地域や文化から見た場合には、Jリーグの主役は、地域の人々なのです。

ぼくはこの理念に心の底から賛同しています。地域に根ざしていくという方向性を援用して、創業した会社にも生まれ育った西葛西という地域名を入れました。株式会社西葛西出版という名前で、このできたての出版社から刊行される最初の作品が本書です。

ところで、サポーターが主役であることに気付いたのはぼくが最初ではありません。サポーターに対するインタビューは頻繁に行われてきました。しかし、あまり面白いものにはならないことが多いです。どうしてなのかというと、みんな同じようなことを語るからです。生物学の面白さは、それぞれの種の相違点と共通点を解き明かすことだと分厚い専門書の前書きに書いてありました。サポーターについても同じです。同じようだけど違う、違うようだけど同じということが見いだせるところが面白いと思っています。

この問題に正面から取り組んでいるのがOWL magazineです。サポーターの楽しみ方はスタジアムまで行くことを中心に組み立てられていることから「旅」というパッケージで、その生態をあきらかにしようとしています。月額700円という、安いとはいえない金額のウェブ雑誌ですが、購読してずっと見守ってくれる読者の皆様のおかげで何とか続けることができています。そして、OWL magazineへの寄稿を通じて、サポーターの文章力を徹底して鍛え上げることで、よちよち歩きをしていたひな鳥がだんだんと自分独自の視点とその価値に気づきはじめました。そして、自信をもって飛び回るようになってきました。

OWL magazineでは、スポーツと旅を通じた人生の楽しみ方を表現していきたいと思っています。活動にご興味をもっていただけましたら、ぜひご購読をお願いいたします。毎日更新しています!! 著者として参加してみたいという方は、是非OWL magazineのメンバーまでご連絡ください。著者に必要なものは、文章力やサッカーの知識ではなく強い意志です。

旅人よ、道はない。歩くことで道を作るのだ。

アントニオ・マチャド

残るは46都道府県!!

OWL magazine〝チーム埼玉〟選手名鑑

OWL magazine は、著者とスタッフ合わせて 30 名ほどで運営しており、本書に参加したのはそのうち 11 名。ちょうど 11 名なので、フォーメーションを組んで、選手名鑑を作ってみた。

懐かしのカテナチオからさいたま市カウンターを狙う

プロサッカーでは見なくなった 5 － 2 － 3 のカテナチオシステムを採用している。スイーパーの矢島かよが守りながら全体をコントロールするが、負担が大きいので左右に女性陣を配置し精神ケアをする。DF はほぼ攻撃参加しないため、宇都宮 & キャプテンさかまきのボランチコンビが攻守を支える。堅い守りからのカウンターで、ほりけん & 大宮けんのダブル埼玉県民が得点を狙うが、大宮と浦和が喧嘩しないように、中村が中央でバランスを取っている。

左右に展開する大宮けんとほりけんの文章は、とくに打ち合わせをしたわけでもないのに好対照になった。これは偶然なのか、必然なのか。出版記念打ち上げを浦和でやろうか、大宮でやろうかが悩ましいところだが、飲み会をするなら正直大宮がいい。

【寸評】

⑤ FW　中村慎太郎　6.5	⑰ FW　ほりけん　7.5
圧倒的な記述量と閃きで〝違い〟を作り、大宮と浦和へと決定的なパスを供給する	浦和サポにしか書けない硬派な記事で圧倒するが本当はスタグル好きなのでは疑惑も
⑦ FW　大宮けん　7.5	⓪ MF　キャプテンさかまき　6
大宮出身で政治家志望なので固い文章かと思いきや、恋愛エッセイを展開して意表を突く	大宮と浦和を繋ぐ仕事を自転車１つで成し遂げ、試合の流れを作る
③ MF　宇都宮徹壱　7	⑲ DF　豊田剛資　6
重厚な完成度を誇る記事で全体のクオリティを強力にバックアップする	強い OWL 愛と献身的なフォローでチームを支える
⑭ DF　大城あしか　6	⑨ DF　桝井かほ　6
いい人オーラ全開で、締切際に殺気立つチームを和ませる	存在するだけで運気が上がる幸福の女神像
⑱ DF　屋下えま　6	⑮ DF　矢島かよ　6.5
短い出場時間ながらも試合の流れをうまく支えた影の功労者	戦術の考案を行いながら試合に参加する器用さで戦力不足を補う
② GK　浜崎一　6	
新潟目線でも埼玉は書ける。別県からの「越境」という新しい価値を提示する	

5　中村慎太郎

NAKAMURA Shintaro

❶代表・プロデューサー❷FC東京❸約８年❹旧国立霞ヶ丘競技場陸上競技場、サンプロ アルウィン、アレナ・ペルナンブーコ❺マラカナン、ボンボネーラ、ウェンブリーなど❻スタグルはノリだから❼東京ドロンパ、コトノちゃん❽ジーコ氏（鹿島）❾高橋はな選手（浦和レッズレディース）❿良いところが多いのに巧みに隠蔽されているところ⓫完璧な人などいない⓬馬刺し、なめろう⓭妻、娘、佐藤美希、八戸の石ちゃん⓮BLANKEY JET CITY⓯『戦場のメリークリスマス』⓰『地底旅行』（ジュール・ヴェルヌ）⓱すべてを包み込む餃子の皮

【解説】『サポーターをめぐる冒険』（ころから）がサッカー本大賞2015を受賞。観察力と閃きはあるものの、仕事を最後までやり抜く力が弱い。その弱点を補ってもらう形で「群像劇」としてのOWL magazineができた

Twitter

Facebook

❶OWL magazine内での役職・役割❷推しクラブ❸サッカー観戦歴❹好きなスタジアム3つ❺いつか行きたいスタジアム❻好きなスタグル❼推しマスコット❽最初に好きになった選手❾埼玉県出身の好きな選手❿埼玉県の好きなところ⓫座右の銘⓬好きな食べ物⓭好きな人⓮好きな音楽⓯好きな映画⓰好きな本⓱自分にとってサッカーと旅とは？／【解説】中村からひとこと

7 大宮けん

OMIYA Ken

❶埼玉支部長❷大宮アルディージャ❸約20年❹NACK5スタジアム大宮、熊谷スポーツ文化公園陸上競技場、浦和駒場スタジアム❺ミクニワールドスタジアム北九州❻宮木牧場のローストビーフ(大宮)、うえの屋の始良アゴ肉焼き(鹿児島)❼コバトン、アルディ、ミーヤ、ベガッ太❽斉藤雅人さん(大宮)❾斉藤雅人さん、小林慶行さん、片岡洋介さん、金澤慎さん。多すぎて選べません……❿都市と自然を兼ね備え、県内で何もかもが叶えられるところ⓫疾風に勁草を知る⓬大宮ナポリタン⓭彼女以外なら、いきものがかりの吉岡聖恵さん⓮[Alexandros]、フジファブリック⓯『翔んで埼玉』⓰『海賊と呼ばれた男』(百田尚樹)⓱日本を知り、大宮を見つめ直すためのライフワーク

【解説】地元出身のエースとして裏方でも大活躍。けんちゃん、彼女を大事にしてね

Twitter

Facebook

0 キャプテンさかまき

CAPTAIN Sakamaki

❶副編集長❷東京武蔵野ユナイテッドFC❸約10年❹ありがとうサービス.夢スタジアム、NACK5スタジアム大宮、武蔵野陸上競技場❺テクノポート福井スタジアム❻スタグル食べない派です❼ゆないくー、バファローベル❽永露大輔選手(横河武蔵野)❾斉藤雅人さん(大宮)❿特徴がないようで、掘り下げると尖った部分が多いところ⓫人間万事塞翁が馬⓬うどん、炭酸飲料⓭上坂すみれさん、壇蜜さん⓮eastern youth⓯『ライブテープ』⓰『ディスコミュニケーション』(植芝理一)⓱強制的に旅に連れて行ってくれる存在

【解説】JFLを愛する男。マーベルヒーローズのキャプテンアメリカにちなんで名付けられた。キャプテンなのに副編集長。地味ながらなんでも知っていて、実はトライアスロンに出るくらい体力あるけど、やっぱり地味

twitter

note

17 ほりけん

Horiken

❷浦和レッズ❸約20年❹埼玉スタジアム2002、浦和駒場スタジアム、ヴァルト・シュタディオン(フランクフルト)❺20XX年のクラブワールドカップ決勝の開催地❻ローストチキンコオロギ❼ジンベーニョ❽長谷部誠選手(浦和レッズ)❾原口元気選手、関根貴大選手(浦和)、塩越柚歩選手(浦和レッズレディース)❿浦和レッズがあること⓫Pride of Urawa⓬鰻、白鷺宝⓭西野努氏、森栄次氏、リカルド・ロドリゲス氏、安藤梢氏⓮First Impressions, We are Diamonds⓯『We are REDS! THE MOVIE ～開幕までの7日間～ / minna minna minna』⓰『なぜ、浦和レッズだけが世界に認められるのか』(西野努)⓱人生

【解説】浦和らしさとは何かという疑問に対する1つの答えを文章で示してくれた。ビールを飲むとIQが下がることで有名。本書をきっかけにおにぎり男のイメージもついた

note

3 宇都宮徹壱

tete Utsunomiya

❶いちライター❸約40年❹武蔵野陸上競技場、サンプロ アルウィン、マラカナン(ベオグラード)❺新カンプ・ノウ❻「今日だけのカレー」(奈良クラブ)❼ニータン、ガンズくん❽アレクシー・ララス(パドヴァ)❾佐藤寿人氏❿教養が高いこと⓫一期一会⓬寿司⓭ちゃんとしている人⓮昭和歌謡⓯『ミツバチのささやき』『ストレンジャー・ザン・パラダイス』⓰『東京漂流』(藤原新也)⓱他者とのつながり

【解説】東京芸大出身のカメラマンで地域リーグを果敢に取材するノンフィクションライターという格好良すぎる肩書き。OWLのテーマである旅とサッカーの先駆者。『フットボールの犬』(東邦出版)が第20回ミズノスポーツライター賞、『サッカーおくのほそ道』(カンゼン)がサッカー本大賞2017を受賞

twitter

note

❶OWL magazine内での役職・役割❷推しクラブ❸サッカー観戦歴❹好きなスタジアム3つ❺いつか行きたいスタジアム❻好きなスタグル❼推しマスコット❽最初に好きになった選手❾埼玉県出身の好きな選手❿埼玉県の好きなところ⓫座右の銘⓬好きな食べ物⓭好きな人⓮好きな音楽⓯好きな映画⓰好きな本⓱自分にとってサッカーと旅とは?／【解説】中村からひとこと

2 浜崎一

HAMASAKI Hajime

❶地方担当❷アルビレックス新潟❸23年❹デンカビッグスワン、フクダ電子アリーナ、旧国立霞ヶ丘競技場陸上競技場❺パナソニックスタジアム吹田❻新潟名物 半身揚げ（鳥の半身揚げ）❽本間至恩選手❾鈴木慎吾さん❿交通の便がいいところ⓫借金大好き⓬鯵のなめろう、ワインとステーキ⓭石神千空⓮Queen⓯インディージョーンズシリーズ⓰『アルビレックス散歩道』（えのきどいちろう）、『ニイガタ現象―日本海サッカー天国の誕生をめぐって』（『サッカー批評』編集部）⓱生活の一部

【解説】アルビレックス新潟の元コールリーダーとして地元では有名人。新潟愛がとても強く、初稿はほとんど新潟のことしか書いていなかったので、埼玉成分を大幅に足してもらった。新潟編では地元枠の大活躍が予想される!

twitter

note

15 矢島かよ

YAJIMA Kayo

❶書籍制作担当❷名古屋グランパス❸約15年❹豊田スタジアム、パロマ瑞穂スタジアム、パナソニックスタジアム吹田❺タピック県総ひやごんスタジアム❻ととりべファームの「ひんやりいちごパウチ」（長良川）、藤田屋の「グラン巻き」（豊スタ）❼グランパスくんファミリー、ジンベーニョ、ギッフィー、すいたん、ミナモ❽山口慶さん（名古屋）❾佐藤寿人さん❿ゾウキリン、レオ、ライナ⓫自由・自主・自律⓬ピザとワイン⓭椎名桔平さん、佐々木蔵之介さん、江國香織さん、安野モヨコさん、壇蜜さん⓯『ココニイルコト』『クライマーズ・ハイ』『神様はバリにいる』⓰『モモ』（ミヒャエル・エンデ）、『舟を編む』（三浦しをん）⓱日常であり、非日常

【解説】ハイパー不思議議系有能編集者でマスコット愛好者。編集会議でもマスコットの話が出てしまうと先に進まなくなる。本書では、執筆、編集、本文デザイン、DTP、校正、校閲を一人でこなすポリバレント性を発揮

18 屋下えま

YASHITA Ema

❺ミクニワールドスタジアム北九州❻温かい飲みもの全般❽伊藤みどりさん、イアン・ソープさん、中田英寿さん(ベルマーレ)❿都市部と自然が豊かな地域があり、地域によってかなり生活は違うはずなのに、文化圏的にはまとまりがありそうなところ⓫日々ご機嫌⓬グレープフルーツ⓭ポンコツ気味の賢い人はだいたい好きでなかよくなる⓮TMGE、Stereolab、Hermann H. & The Pacemakers、Bjork⓰『孟嘗君』(宮城谷昌光)、『風が強く吹いている』(三浦しをん)⓱日常の延長線上としてサッカーを見たいし、旅をしたいと思っています

【解説】全国各地で仕事をした経験から土地の話が大好き。旅人以外の視点から旅を描くという特殊なポジションを確立している。趣味は不動産選び。弊社に不動産部門ができたらスカウトする予定

twitter

note

9 桝井かほ

MASUI Kaho

❶アンバサダー❷奈良クラブ❸約10年❹ヨドコウ桜スタジアム、ベスト電器スタジアム、サンガスタジアムbyKYOCERA❺ありがとうサービス.夢スタジアム❻肉のうめぜん「すごか!チキンカツ」(福岡)❼ロビー❽南野拓実選手(セレッソ大阪)❾紺野和也選手(FC東京)❿NACK5スタジアムがあること⓫弱みで愛され、強みで尊敬される人に⓬おさかな、トマト⓭かかわる人みんな好きです⓮安室奈美恵⓯『アリー スター誕生』『50回目のファーストキス』『SUNNY 強い気持ち・強い愛』⓰『運転者』(喜多川泰)⓱癒し、居場所

【解説】OWL magazineのテーマソングを歌ってもらうことが内定しているので必死にボイストレーニングをしている。クラウドファンディングのスタッフとして活躍。続刊以降では旅記事も書く予定!!

twitter

note

❶OWL magazine内での役職・役割❷推しクラブ❸サッカー観戦歴❹好きなスタジアム3つ❺いつか行きたいスタジアム❻好きなスタグル❼推しマスコット❽最初に好きになった選手❾埼玉県出身の好きな選手❿埼玉県の好きなところ⓫座右の銘⓬好きな食べ物⓭好きな人⓮好きな音楽⓯好きな映画⓰好きな本⓱自分にとってサッカーと旅とは?/【解説】中村からひとこと

19 豊田剛資

TOYODA Takeshi

❶広報担当❸たぶん、35年❹旧ウェンブリースタジアム、旧国立霞ヶ丘競技場陸上競技場、Honda都田サッカー場❺武蔵野陸上競技場❻基本的にスタグル食べません。カップラーメンがあれば食べます❼パッサーロ、さぬぴー❽松岡徹氏（滝川第二高）⓫怯まず驕らず溌剌と⓬イチゴ、イチゴ味の食べ物⓭奥さま。「南くんの恋人」時代の高橋由美子さんか「トリック」時代の仲間由紀恵さん⓮スガシカオ⓯猿の惑星シリーズ（オリジナルのほう）⓰MASTERキートン（浦沢直樹）⓱サッカーによって仲間ができ、成長し、大人になりました。旅は「思い立ったら吉日」の勢いで出かけます

【解説】10行の箇条書きを元に、長文のサッカー記事を作り上げていくOWLマジックを体験して以来、広報を務めるようになった。関西在住のため埼玉の地名がわからなすぎてパニックになる

twitter

note

14 大城あしか

OHSHIRO Ashika

❶コミュニティ担当❷アビスパ福岡❸22年❹ベスト電器スタジアム、駅前不動産スタジアム、三協フロンテア柏スタジアム❺ユアテックスタジアム仙台❻飛騨牛串焼き（長良川）、喜作のソーセージ盛り（フクアリ）、博多もつ焼きうどん（ベススタ）❼アビー、ビビー❽山下芳輝さん（福岡）❾堤俊輔さん❿コバトン、レオ、ライナ⓫人にやさしく⓬とんこつラーメン⓭妻は殿堂入り。中学生のころから永作博美さんのファン、志知孝明選手（福岡）⓮THE BLUE HEARTS⓯『カメラを止めるな!』⓰『サポーターをめぐる冒険』（中村慎太郎）⓱生きる活力であり文化的アイディンティティを感じるもの

【解説】OWL magazineの連絡役、管理人のような立ち位置。コミュニティOWL's Forestの代表者にもなった。博多っ子とはいうものの、正確には福岡市西区出身（すぐ隣は佐賀市）らしい。福岡県編では「やっちゃるけん!」のノリで執筆してくれることを期待している

OWL magazine アンバサダーの桝井かほです!

はじめまして! OWL magazine のアンバサダーを務めている、桝井かほと申します。奈良県桜井市出身、1998 年生まれです。特定チームのサポーターではなく、「ゆるふわきゃ～きゃ～スタジアムを楽しむ女子」というコンセプトでサッカー観戦をしています。J リーグ、JFL、地域リーグ、大学サッカー、高校サッカーなど、カテゴリ問わず現地観戦します。イチオシ選手はアビスパ福岡の山岸祐也選手で、わたしの原動力でもあります。山岸選手を応援したおかげで挑戦や努力をしたくなり、大学を中退して 21 歳で単身タイに渡りました。現地では、サッカー関連の仕事をしていました。

「OWL magazine」って どんなマガジン?

OWL magazine は、サッカーを愛する人たちが「じぶんのサッカー旅」を「共有」できる場所です。

わたしは、全国各地のスタジアムに足を運び、その道中の観光やグルメ、ハプニングなども含めてサッカー旅を楽しむのが好きです。おかげで、学生のころにさまざまな「人」や「土地」と出会い、価値観や考え方、人とのコミュニケーション、各地の特徴などを得ることができました。

サポーター活動をしているからこその、特別な思い出がある方は多いのではないでしょうか? わたしは、サッカー旅をするたびに、見た景色の感動や出会った人のあたたかさを、自分の SNS で発信していました。伝える方法は、自分で生み出すほかないと思っていたからです。

OWL magazine は、人それぞれのサッカー旅をサポーター自身が「価値」にできる場所です。そして何より、挑戦できる場所です。プロのライターではなかった方たちが、表現者として活躍されています。

「じぶんのサッカー旅」や「じぶんらしいサッカーの楽しみ方」を表現するなら、そして人それぞれのサッカー旅を知りたいなら、OWL magazine がいちばんだと思います。

magazine

OWL magazine って どんな人たちがいるの?

OWL magazine の代表である中村さんは、東大卒タクシードライバー兼文筆家です。そのせいか、ほかの方たちも、特出した「なにか」をもつすごい人であるという印象がありました。しかし、OWL の皆さんと話して、「なにか才能をもっている人たちが、OWL magazine で表現し続けることによって、才能を磨いて光った」というイメージに変わりました。わたしにも、光る日がくるといいのですが……。コツコツ頑張ります!

OWL magazine のメンバーの共通点は、好きなことに真っすぐで、人に対して穏やかなことだと思います。皆さんあたたかいので、好きです。皆さんとサッカーの話をするのがとても楽しいです。

わたしが やりたいこと

応援している山岸祐也選手が本になるなら、書くのはわたしがいい! と思っていたので、OWL magazine と出会えてよかったです。皆さんから学べることを吸収して、文章で伝える表現ができるよう頑張ります。

これまで以上にサッカー旅を楽しんで、皆さんに共有して喜んでもらえるよう、できることを探します。次回作のこの欄でもっと具体的な話ができるようにしますので、お楽しみに!

ぜひ ウェブ版へ!!

この本を読んで、わたしたちのことをもっと知りたいと思ってくださった方は、ぜひウェブの OWL magazine へ! OWL magazine は、「旅」と「サッカー」の話題をメインに毎日更新しています。購読後は、過去の記事もお読みいただけます。わたしもコツコツ頑張るので、成長を見守ってください!

OWL magazine
旅とサッカーを紡ぐ Web 雑誌
https://note.com/owlmagazine/

「OWL's Forest」って何するところ?

コミュニティ担当の大城あしかです。OWL' s Forest はサッカー好きが集う場で「ファン・サポーターの距離をゼロにして、 どこにいても仲間と繋がることができる」 をコンセプトに運営している、 会員制のコミュニティです。 メンバー限定のイベント、 ライブ配信やラジオ番組の作成、 OWL magazine に掲載するオムニバス記事の投稿権などの特典をご用意しています。 現在リニューアル準備中、 詳細はウェブで更新します。お気軽にお問い合わせください。

どんな特典があるの?

◆会員限定のライブ配信
◆ Discord のコミュニティチャンネル参加権
◆オリジナルグッズ EC 販売　特典クーポン進呈
◆ OWL magazine 公式 Instagram で写真を掲載
◆ OWL magazine でライターデビューの可能性あり
◆掲載オムニバス記事の投稿権（月 1 回）
◆ラジオ番組の制作プロジェクトに参加（希望者）
◆本の出版企画、 イベントなどの先行案内

など、 今後もさまざまな企画を考えています！

どうやって入るの?

note のサークルで運営しています。会費は月額 500 円です。
note アカウントをお持ちの方は、 どなたでもご入会いただけます。
アカウントをお持ちでない方やご質問がある方は、 以下にアクセスしてお問い合わせください。

OWL's Forest

お問い合わせ

【OWL's Forest】
https://note.com/owlmagazine/circle
【お問い合わせフォーム】
https://nishikasaibooks.jp/script/mailform/sutaguru/

OWL's Forest

一緒にサッカー旅のお話をしませんか?

はじめまして。広報担当の豊田剛資です。

OWL' s Forest に参加して一番楽しかったこと、それは「サッカーの話ができる」ことです。旅とサッカーを紡ぐ OWL magazine の有料コミュニティなので、サッカーの話をするのは当然ではないかと思われるでしょう。このコミュニティでは、ただのサッカーの話をするだけではないのです。

OWL magazine ではJリーグのみならず JFL や地域リーグ、都道府県リーグ、それ以下の社会人リーグなどへもサッカー旅に出かけていきます。これは国外でも同じです。つまり、メジャーどころのサッカーを求めて旅するだけではないのです。

サッカー観戦をメインとした旅をする。

旅のついでにサッカー観戦をする。

旅先にたまたまサッカーの試合があって、時間が許す限り観戦する。

サッカー旅には人それぞれのスタイルがあり、旅先がたとえ同じであったとしても、おのおのがサッカー旅の中で見つけた宝物のような思い出も違います。この宝物は何年も時間が経っていようとも、決して色あせることのない無二のものです。

戦術論や愛するクラブの勝ち負けなどについて会話をすることはもちろんあり、選手経験があるなしかかわらず楽しいです。ただそれだけでは会話は続きません。このコミュニティに集う参加者たちは皆それぞれの大事な宝物を教えてくれる場所でもあり、自分だけがもつ宝物を見せることができる場所なのです。このサッカー旅がもつ魅力をなんとなく長電話するような感覚で共有し、その旅へ一緒に出かけているような気分で語り合います。その会話を通じていつの間にか自身のサッカー観を奥深くさせていきます。

僕はここでの会話が大好きです。そして、サッカー旅を続けるモチベーションは、ここで知ったエピソードでもっと自身の世界観を広げていきたいといつも思うからです。

読者の皆さまにもきっと素敵な色あせていない宝物があるはずです。OWL' s Forest で一緒にお話ししませんか?

ご支援ありがとうございました

本書はGREEN FUNDINGにおいて、205名の皆様からご支援いただきました。ありがとうございました。このページでは、以下のプランにご支援いただいた方のうち、ご希望があった方のお名前を掲載させていただいております。順不同、敬称略とさせていただいております。

今回ご用意したプランは、

「お名前掲載プラン」

「アクセサリープラン」

「特製カメラストラッププラン」

「ミドル5プラン」

「特製本革ブックカバープラン」

「あなたのサッカー旅記事作りますプラン」

「OWL magazine　GURDIANプラン」

の7つです。


次回作でも、クラウドファンディングによる先行販売を行う予定です。

「すたすたぐるぐる」シリーズにご興味をもたれた方は、ぜひ、OWL magazineのSNSなどをご確認ください。

今回は本名のみとさせていただいておりますが、次回以降は企業名や屋号などによる掲載も検討しております。

今後とも、変わらぬご愛顧のほど、何卒よろしくお願い申し上げます。

池田剛
渡辺宏幸
富澤友則
猿渡敏郎
佐藤一美
筒井宏
今村泰裕
安田聡
宮城真也
松田勇希
土井義秀
住山修次
西村創一朗
山内義行
丸山裕之
ハヤノトモヤ
鈴木誠一
古屋力

最上玲
清水優一
中村隆宏
脇永雅人
堀口均
梶田正樹
中野勇太
柴田哲明
岩崎充
高橋秀敏
北田邦広
伊部勇作
尾高秀明
若林沙織
戸嶋聡太
樋口昌純
筧育郎
黒田泰孝

深谷康幸
下原利一
津島豊美
相澤貴志
新井和樹
岡部ダイスケ
隈本朋和
東恭子
田口英彦
車田賢一
タケウチマサユキ
五百蔵容
上佐古宝
首藤亘平
沼田拡貴
奥村竜一郎
吉野努
石沢竜次

岡部佑紀
西田隆志
中島祥元
福永悠
小久保雄介
河野創
金子正彦
堀内亮介
大極俊紀
中里祥子
岸祐太
伊藤竜信
紺谷雅代
臼井美希
矢代祐也
川原田喜子
秋山誠一郎
阪本耕司

栃尾晋平
早川雅大
逸見幸佑
渡辺宏幸
田中祐司
古閑建太郎
大山正子
榊原享寛
鈴木玄
尾崎真
土橋善裕
弘中陽介
細井雅也
大坂ともお
塩原慶之
久野裕子
（順不同、敬称略）

カバーデザイン：鈴木彩子
カバー・本文イラスト：中野こはる
本文デザイン：鈴木彩子、矢島かよ
DTP：矢島かよ

〝サッカー旅〟を食べ尽くせ！ すたすたぐるぐる 埼玉編

2021年10月30日　初版第1刷発行

［　編　］OWL magazine
［発　行］株式会社西葛西出版
〒134-0083 東京都江戸川区中葛西1-3-12
［ＴＥＬ］070-8997-0472
［e-mail］info@nishikasaibooks.jp
［印刷・製本］共立印刷株式会社

定価はカバーに表示してあります。
落丁・乱調本は小社までお送りください。
小社送料負担にてお取り替えいたします。

Printed in Japan
ISBN978-4-910712-00-0